悲劇の宗政家

前田誠節

MAEDA JOSETSU

臨済宗妙心寺派の近代史

藤田和敏［著］

法藏館

写真１　奉迎使一行

写真２　五条大橋を奉迎使の行列が渡る

〈凡　例〉

一、本書は、大本山相国寺に設置されている相国寺教化活動委員会研修会の講義録『明治期の臨済宗——宗政家と教団運営——』（相国寺教化活動委員会、二〇二一年）を大幅に加筆・修正したものである。

一、本書は、一般書であることから引用した参考文献の注記を行っていない。叙述の根拠となる史料についても多くの場合出典の記載を省略している。依拠した参考文献・史料については、『明治期の臨済宗——宗政家と教団運営——』、若しくは巻末の参考文献・前田誠節年譜を参照していただきたい。

一、引用史料については次のような処理を行っている。①適宜句読点を付した、②旧字体を新字体に改めた、③カタカナをひらがなに改めた、④一部の漢字をひらがなに改めた、⑤原文のルビは省略した、⑥難読の漢字には新たにルビを振った、⑦歴史的かな遣いを現代かな遣いに改めた、⑧漢字の送りがなを補った、⑨漢文の部分は読み下した。

一、一般的な史料上の表記に従い、寺院を管掌する僧侶のことを、戦国時代以前は住持、江戸時代以降は住職と表現した。本来、住職とは住持職の略称である。

一、史料中には、現在の価値観から考えると不適切な表現が見られるが、歴史的事実としてそのまま引用した。あくまで叙述の正確さを期すためであり、誤解のないようお願いしたい。

〔目次〕

悲劇の宗政家　前田誠節

臨済宗妙心寺派の近代史

はじめに

口絵の**写真1**は、明治三十三年（一九〇〇）六月十五日にシャム（現在のタイ）の首都バンコクにあった日本公使館の広間において撮影されたものである。中央にある小机の上に置かれた豪華な刺繡入りの袋の中には、二年前にインドで発見された仏骨（釈迦の遺骨）が入っていた。この仏骨は、日本からの懇願を受けた所有者のシャム国王チュラーロンコーンから分け与えられたものであり、それを駐シャム初代公使の稲垣満次郎《いながきまんじろう》と、仏骨を受け取るために日本から派遣された奉迎使の僧侶が取り巻いている。奉迎使のメンバーは、右から順に、浄土真宗本願寺派藤島了穏《ふじしまりようおん》、曹洞宗日置黙仙《ひおきもくせん》、浄土真宗大谷派大谷光演《おおたにこうえん》、そして本書で主人公として取り上げる臨済宗妙心寺派前田誠節《まえだじようせつ》である。

京都にもたらされた仏骨は、天台宗門跡寺院の妙法院に仮安置されることになったが、当時の市民は大いなる熱狂で仏骨を捧持する奉迎使を迎えた。妙法院に向かう奉迎使の行列が五条大橋に差し掛かった際には、多くの市民が鈴なりになって橋上に詰めかけ、溢《あふ》れた人々が欄干にまで腰をかけた（**写真2**）。明治の京都にとっての一大イベントになった仏骨奉迎を主導したのは、前田に代表される伝統仏教教団を支えた宗政家《しゅうせいか》と呼ばれる僧侶であった。

大陸からの伝来以来、長い歴史を持つ日本の仏教は、江戸幕府の宗教政策に従属することによって本山↓末寺の関係を核とする教団組織の基礎を確立するが、明治維新期に新政府が発令した神仏分離令と、社寺の領地・境内地を収公する上知令《あげちれい》によって、既存の存立基盤を大きく傷つけられた。西洋からの文化が流入し、激しい変革の過程にあった明治期の社会において、新たな時代に対応できる仏教の形態とは何であるのかを教団に所属する僧侶は模索する必要に迫られたのである。

教団にとっての新たな仏教の形態は、本山↓中本山↓末寺の重層的な本末関係を解体し、平等に権利を与えられた個々の寺院住職を組織した宗派としての議会を開くことによって追求された。現在の仏教教団は、宗派の長たる管長の下に宗務総長を中心とする宗務機関を編成するとともに、選挙で選ばれた議員による宗議会を運営しているが、そのような教団の構造は自由民権運動が活発に展開された明治前期に形成されたのである。議会の成立によって民衆布教や僧侶教育のあり方を議論することが可能になったが、長い封建時代の慣習に泥《なず》んだ僧侶の中には、議会で議論して物事を決定する訓練が身についていない者も多く、教団内部での意見対立が頻発した。そのような困難な状況の中で教団改革を推し進めた宗内政治家としての僧侶を、本書では宗政家と定義したい。

本書の結論を少し先取りしておけば、宗政家であった前田は、貧しい生い立ちを経験しながらも、少年期から着実に積み上げてきた学識を手段として、妙心寺派の改革に辣腕を振るった。妙心寺派の宗報『正法輪《しょうぼうりん》』誌上で、晩年を迎えて岐阜県内で隠棲していた前田の近況を伝えた村田《むらた》無道《むどう》は、往時を振り返って次のように述べている。

師の全盛時代は、一時飛ぶ鳥も落した程の権柄であった、そして余りに賢明に過ぎたがため、四囲の者が馬鹿に見え、そんな事情からして、下僚の者が如何なることを献策しても、師はそれを用いなかったと云う事だ、師は倚《よ》らしむべし、知らしむべからずの流義で、何事も独断で処置し、独断で敢行した人である、故に四囲の者が懼《おそ》れはしたが、懐《なつ》きはせなんだと云う風があった

村田が指摘するような前田の研ぎ澄まされた実務能力と物事を処理する際の強引ともいえる手法は、周囲の人々からの嫉妬と反発を買い、誹謗中傷に近い非難を浴びることもあった。しかし、江戸時代以来の封建的な仏教教団の体質を、独立した人格の集合体である法人組織に相応しいものへと切り替えていく難題に取り組んだ前田の業績は正当に評価されるべきである。

社会一般に目を転じれば、世の中の急速な変化に対応できず混乱したのは仏教教団のみ

ではなく、他ならぬ帝国議会も波瀾の連続であった。大日本帝国憲法起草の中心人物であり、初代内閣総理大臣を務めた伊藤博文《いとうひろぶみ》でさえ、第二次内閣の総理大臣として迎えた第四回帝国議会の予算審議において、「民力休養・政費節減」を掲げる民党からの徹底した攻勢を受けて立ち往生し、「和衷協同《わちゅうきょうどう》」詔勅による仲裁を明治天皇に求める事態にまで追い込まれたのである。このような国政の難局を、伊藤を始めとする藩閥政治家があらゆる方法を尽くして乗り切ったことと同様に、宗政家である前田も、時には綺麗事で済まない手段を交えながら体当たりで様々な事業を推進したのである。本書では、そのような前田の人生を、史料に基づき可能な限り丁寧にたどっていきたい。

本書では、仏教新聞・仏教雑誌を主な分析の素材として用いる。仏教新聞・仏教雑誌は、様々な形式のものが明治の早い時期から刊行されており、宗派の広報誌である宗報については市販されるような充実した内容のものが出版されている。

本書で中心的に使用する仏教新聞・仏教雑誌は、『明教新誌《めいきょうしんし》』・『正法輪』の二誌である。『明教新誌』は、明治七年（一八七四）から同三十四年まで続いた仏教新聞であり、啓蒙思想家・ジャーナリストであった大内青巒《おおうちせいらん》によって創刊され、ほぼ隔日で刊行された。特定の宗教団体に偏らない編集方針を取っており、政府の法令、各宗派の通達、当時の宗教界に関わる論説などが掲載されている。

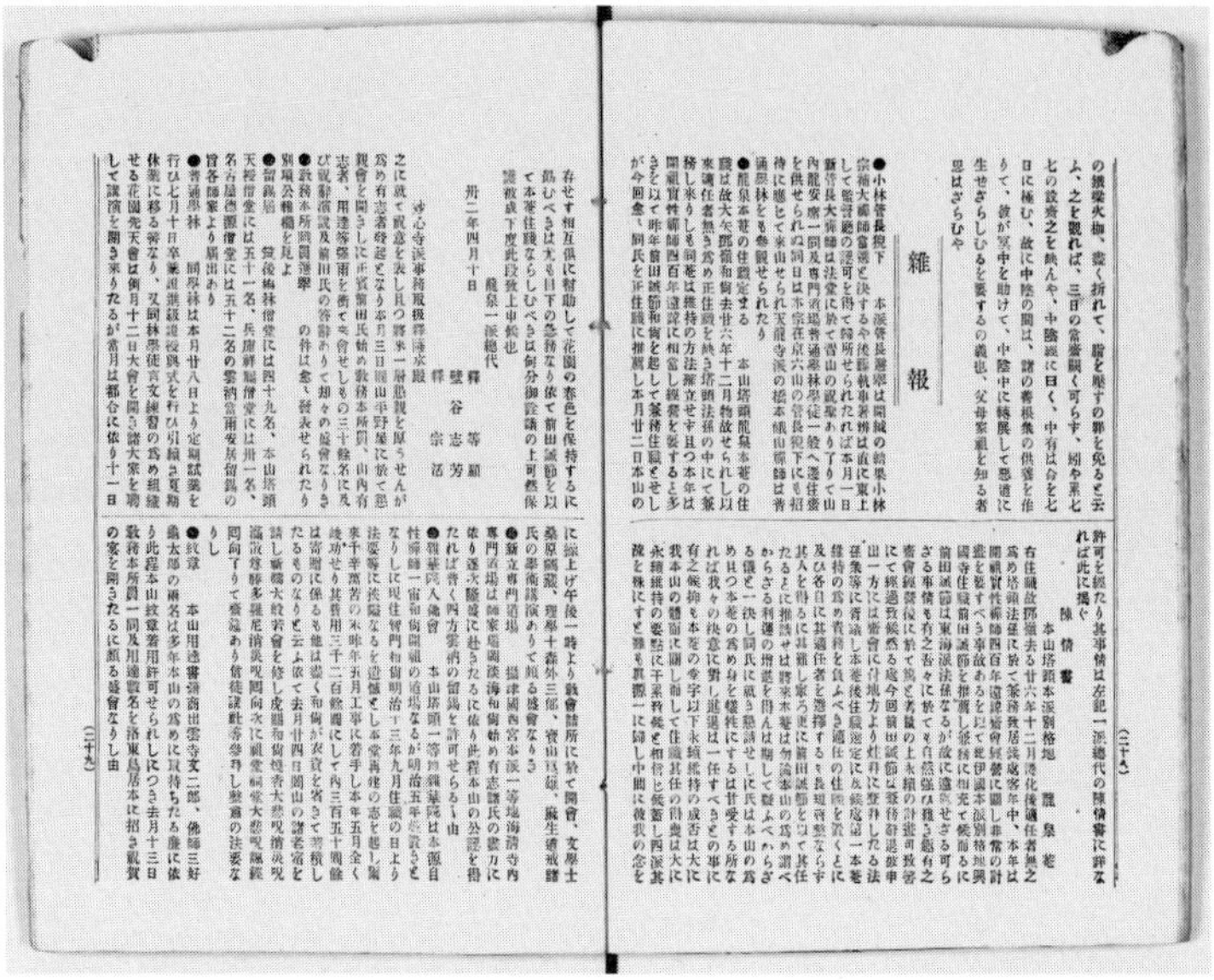
雜報

写真3 『正法輪』91号（明治32年〈1899〉）

『正法輪』は、明治二十四年から現在まで続く臨済宗妙心寺派の宗報である。『正法輪』は戦前と戦後とでは大きく性格が異なっており、戦前の『正法輪』は宗務機関である教務本所から独立した正法輪発行所が発刊していた。明治四十一年に開催された妙心寺派第十議会において、質問に立った議員が「独立の目的は申す迄もなく言論の自由を得んがためであって、是を是とし非を非とするので、これが正法輪本来の目的であります」と述べているように、教務本所の運営方針に反する内容の論説や記事であっても、編集者による是々非々の判断で掲載された。自由な言論を保証された『正法輪』の内容からは、宗派運営の内実をうかがい知ることができる。

本書の内容が、明治期における仏教の改革に宗政家の果たした役割を理解する一助になれば幸いである。

若き日の前田誠節

第1章

1　幼年期から修行時代

一家離散と出家

幼年期から修行時代までの前田誠節の事跡については、晩年に執筆した回顧録である『隔生即忘《きゃくしょうそくもう》』に綴られている。本人の回想に基づく記録であるために事実関係の正確さで心許ない点があるが、他に史料がないので、主に『隔生即忘』を使って彼の生い立ちを振り返りたい。

前田は、嘉永二年（一八四九）に生まれた。出生地は未詳であるが伊勢国内と思われる。幼年期は恵まれたものではなく、安政三年（一八五六）に八歳で父母と死に別れており、祖父母や叔父叔母からも面倒を見てもらえなかったために、自ら決断して僧侶になっている。九歳のときに、師とともに朝熊《あさま》ヶ岳に登り、頂上から見渡す限り広がる伊勢湾の蒼海と、はるか東方にそびえ立つ富士山を見て言葉にできないほどの感動を覚えたと追懐しているので、一家が離散してからすぐに僧侶としての生活を始めたことが分かる。

出家得度は、伊勢国度会《わたらい》郡山田の妙心寺末寺である常勝寺で行われた。山田は、伊勢神宮外宮の鳥居前に成立した町場である。内宮の所在地にある宇治とともに、江戸時代にはお蔭参りの流行で大いに発展した地域であるが、常勝寺は貧しい寺であった。寺の燃料は裏山一帯に自生しているススキであり、毎年冬期に入ってススキが枯れた頃に刈り取って薪とした。また、寺の境界は柴垣によって囲われており、これも冬場に補修する必要があったために、小僧であった前田は手足を傷だらけにしながら鎌を手に竹木の間を往来することになった。炊事掃除などでも暇なく追い使われ、幼い前田は耐えがたい苦痛を感じたが、師から「禅僧はこのような修行をしなければ、立派な僧侶となって大寺院に入ったときに苦労する。努めよ」と叱責され、後年になって師の慈愛に思い至ったと述べている。「人生の悲観は孤立にあり、最大の快美は独立にあり」と論じていることからうかがえるように、前田は独立心の強い性格の人物に成長するが、それは幼年期の環境によって育まれた点が大きいと思われる。

修行時代

前田は学問に熱心な少年になった。前田の学問の師は、山田から一里（約四キロ）ほど離れた長峰の真教寺に寓していた曹洞宗の僧侶百洲《ひゃくしゅう》であり、毎朝開かれる講席に出席していたが、百洲が松阪に移居してからは五里強の距離を通学することになった。山田から松阪へは、宮川・櫛田川・稲木川という歩いて渡ることが難しい三本の河川が道を隔てており、夜明け前から出発して帰寺するのは午後三時ごろという生活を一日おきに続け、漢詩の修得に励んだ。百洲が好んだのは、中国南宋期を代表する詩人であった楊万里《ようばんり》であったという。

前田が百洲に参学したのは十一歳から十四～十五歳のときであるが、その後に美濃国武《む》儀《ぎ》郡中洞《なかほら》村の妙心寺末寺梅谷《ばいこく》寺に移っている。梅谷寺は、岐阜市の中心地から直線距離で北へ約二十五キロの位置にあり、刃物の生産で著名な関市の市街地から長良《ながら》川の支流である武芸《むげ》川をさかのぼった山間地に所在する。往古は七堂伽藍を備える大寺院であったが、戦国時代に火災に遭って衰微し、天保元年（一八三〇）に再興された。当時の住職であった端道全履《たんどうぜんり》は、自らを「雷鳴《かみなり》端道」と称するほどの厳格な禅風を持つ僧侶であり、万延二年（文久元年、一八六一）に梅谷寺で僧堂を開くと、その名声を慕って三百名以上の雲水（修行僧）が集まったとされている。

前田は、端道の下で十年間ほど修行して厳しい指導を受けたが、人のためになるほどの力を得ることができなかったと述べている。しかし、二百余名の僧侶が参加した大法要が梅谷寺で開催された際には、二十一歳で紀綱寮の頭首《ちようしゆ》（寺務を統括する役職）に選ばれており、修行生活においても頭角を現している。

前田にとって、十代後半から二十代前半までの修行生活は若き日の心地よい思い出であった。前田は、西美濃・伊勢・東近江の範囲を行脚《あんぎゃ》（修行のために徒歩で諸国を巡ること）しており、十六歳の秋には伊勢の安濃津《あのつ》（現在の津）から近江の日野までの道のり（約五十キロ）を一日で踏破している。日野に着いたときには日が暮れており、臨済宗永源寺末寺の清源寺で宿泊を乞うが断られ、寺の門前で一晩を過ごすことになった。合羽を敷物にして坐禅の姿勢で座ると、冷気が体を襲うとともに飢渇を覚えたが、行脚の疲れからそのまま眠ってしまう。鐘の音で目覚めると、寺の台所で与えられた三椀の淡粥を喫した。「その時の快絶と壮絶の別趣味を感ぜしこと、今なお目前に彷彿《ほうふつ》たり」と、空腹を満たしてくれた粥の味に忘れがたさを感じている。

また、近江の今宮を訪れたときに、村の古老から新調する村社の幟に揮毫することを求められた。社頭に臨んだ前田は、数十人の若者が磨った数升もの墨に七〜八本を一括りにした筆の先を浸し、一気呵成に「村内安全五穀成就」と書き上げたのである。村人たちから一斉に賛美されて得意満面となり、その後庄屋の家で大いなる酒肴の饗応を受けた。そのことを「今にして当時を追想するや、おのれ躬《みずか》らその大胆に駭《おどろ》く」と記しており、豪快で闊達《かったつ》な修行時代を送ったことがうかがえる。

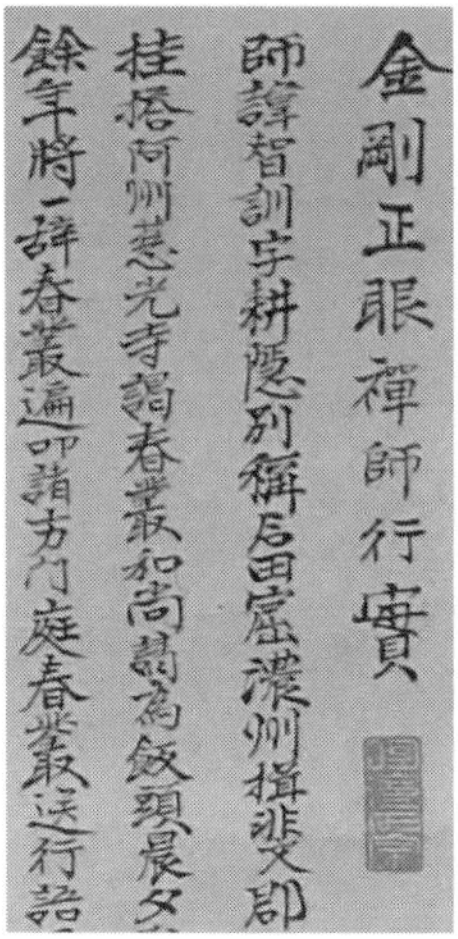
金剛正眼禪師行實
師諱智訓字耕隠別稱居宙窟濃州揖斐邸
桂搭阿州慈光寺謁春叢和尚爲飯頭晨夕
餘年將一辭春叢遍叩諸方門庭春叢送行語

題字部分拡大

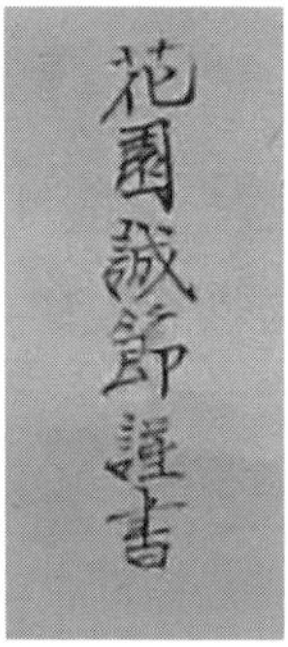
花園誠節謹書

署名部分拡大

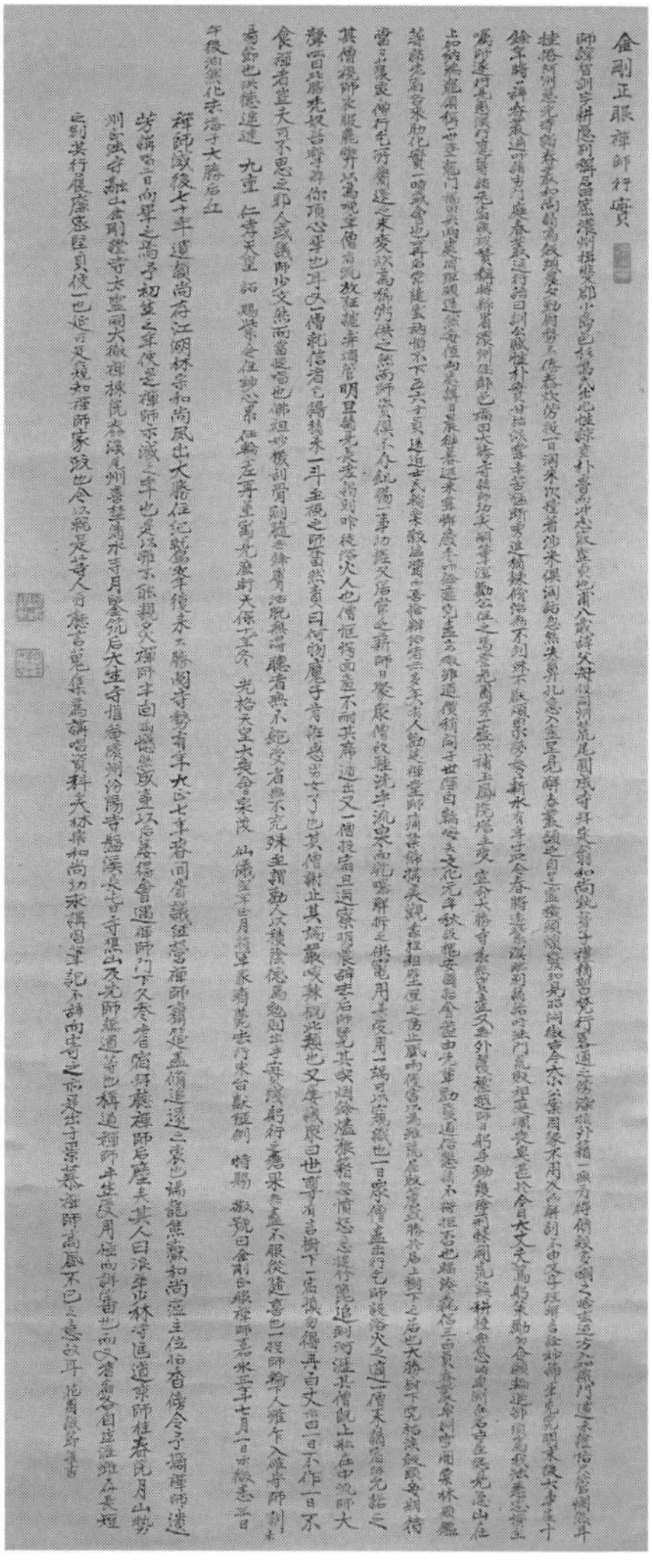
金剛正眼禪師行實

写真４　金剛正眼禅師行実（前田誠節筆）

臨済宗と妙心寺の沿革

前田は、常勝寺で出家得度し、梅谷寺において修行したことで、臨済宗の本山寺院である妙心寺に属する禅僧として活動することになった。ここで、臨済宗と妙心寺のおおまかな沿革について述べておきたい。

臨済宗は、中国唐代の僧侶臨済義玄《りんざいぎげん》を宗祖とする禅宗の一派である。前田が雲水であった江戸時代後期に、師家《しけ》（修行を指導する僧侶）と雲水との間で公案《こうあん》を用いた問答を行いながら法（仏の悟り）の自覚を目指す修行生活のあり方が確立された。公案は、禅の精神を究明するために修行僧が取り組む問題であり、「禅問答」的で知的理解の困難なものが多い。臨済宗を始めとする禅宗は、「不立文字《ふりゅうもんじ》、教外別伝《きょうげべつでん》」を標榜し、言葉や文字によらずに心から心へと法を伝えることを宗旨としているので、代々の師弟間で受け継がれた法のつながり、すなわち法系が重要視された。

明庵栄西《みんなんようさい》によって日本に伝えられた臨済宗は、鎌倉幕府・室町幕府の保護を受けて鎌倉・京都において栄えた。中国宋朝の官寺制度である五山制度が導入されたことにより、鎌倉・京都の有力寺院には五山の称号が与えられている。日本における五山制度は、至徳三年（一三八六）に室町幕府三代将軍足利義満《あしかがよしみつ》が定めた次の列位で確定された。

五山之上《ござんしじょう》　南禅寺

五山第一　天龍寺・建長寺
同　第二　相国寺・円覚寺
同　第三　建仁寺・寿福寺
同　第四　東福寺・浄智寺
同　第五　万寿寺・浄妙寺

亀山法皇が開基（寺院創設の経済的支援者）である南禅寺を別格化し、それ以下は京都と鎌倉の諸寺を並列する形式が取られたのである。

室町時代の五山寺院においては、五山文学と呼ばれる漢詩文による文学が興隆した。室町幕府によって優遇された五山の僧侶は、禅宗本来の立場から離れて五山文学に熱中するが、そのような文芸趣味に否定的であった僧侶は参禅そのものを目的とする教団を造り上げた。林下《りんか》と呼ばれたそれらの教団の代表格が妙心寺である。

妙心寺は、花園法皇を開基として建武四年（一三三七）に開創された。禅の修行に打ち込んだ花園法皇は、大徳寺の開山《かいさん》（寺院を創始した僧侶）である宗峰妙超《しゅうほうみょうちょう》を師としており、病を得て危篤となった宗峰が後事について弟子の関山慧玄《かんざんえげん》を推挙したことから、洛西花園の離宮を改めて創建した妙心寺の開山に関山を迎えたのである。

応永六年（一三九九）に周防国・長門国を始めとする六ヵ国の守護大名大内義弘《おおうちよしひろ》が足利

写真５　妙心寺中心伽藍（手前から、三門、仏殿、法堂）

義満に叛旗を翻した応永の乱の際に、住持であった拙堂宗朴《せつどうそうぼく》が義弘と師弟関係にあったために、乱の鎮定後に義満によって妙心寺は一旦廃絶されている。その後に再建が進められるが、応仁元年（一四六七）より始まった応仁の乱の兵火で焼失した。

　文明九年（一四七七）に後土御門天皇から妙心寺再興の綸旨が発給されると、住持の雪江宗深《せっこうそうしん》が再興に尽力し、その後の発展の基礎を築いた。雪江には、法を受け継いだ弟子として景川宗《けいせんそう》隆《りゅう》・悟渓宗頓《ごけいそうとん》・特芳禅傑《とくほうぜんけつ》・東陽英朝《とうようえいちょう》の四名がおり、それぞれが妙心寺塔頭の龍泉《りょうせん》庵・東海《とうかい》庵・霊雲《れいうん》院・聖沢《しょうたく》院の開祖となっている。この四塔頭は四派

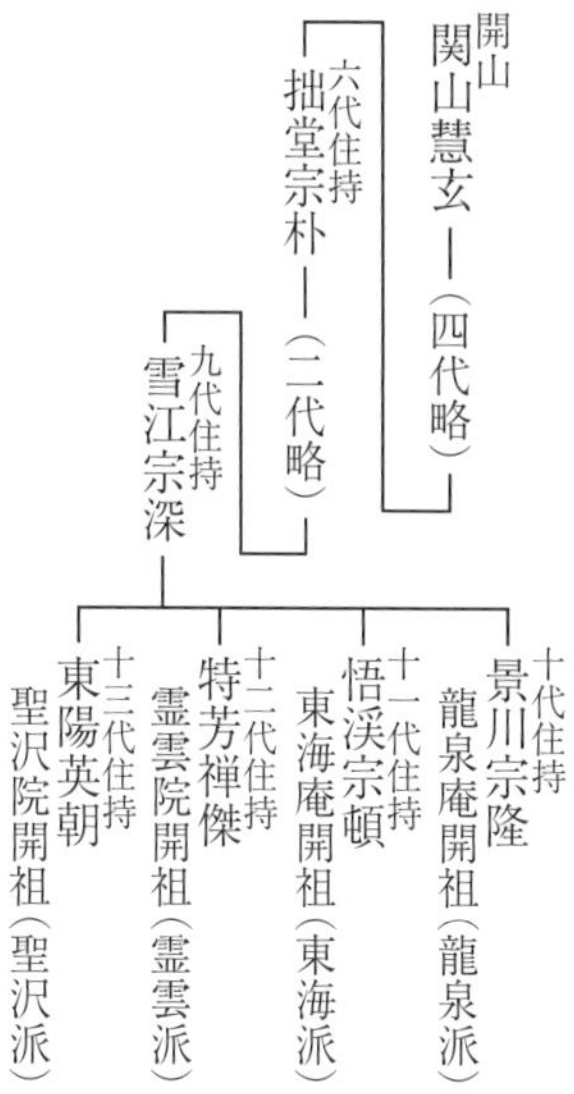

図1　四派四本庵成立までの妙心寺歴代住持

四本庵と称され、法系による僧侶の派閥である四つの門派の拠点になった（**図1**参照）。戦国時代に入り、妙心寺は戦国大名などを外護者として地方に勢力を拡大していくが、その際に獲得された末寺は四派の法系に組み込まれたのである。

先述したとおり前田は端道全履に師事したが、端道は東海派の法系に連なっていた。戦国時代において派祖である悟渓宗頓が濃尾地方を活動の中心としていたことから、東海派は美濃国に幅広く教線を伸ばしていたのである。昭和五十二年（一九七七）編纂の妙心寺派僧侶の法系をまとめた『昭和改訂正法山妙心禅寺宗派図』では、前田は端道の門下三名のうちの一名として挙げられており、悟渓の法を継承したことが分かる。

明治維新と神道国教化政策

前田が十九歳になった慶応三年（一八六七）十二月、明治天皇より王政復古の大号令が発せられて明治新政府が成立する。倒幕の密勅が薩摩藩・長州藩に下されたことが象徴しているように、明治維新は両藩が幕府から政権を奪取したクーデターであった点が本質なのであり、新政府が国家を統治するには自らの正統性を確保する必要があった。そのために実施された神道国教化政策は、二百六十年以上の長きにわたり政権の座にあった江戸幕府の統治によって秩序づけられてきた列島各地の地域社会に変革をもたらしており、前田が出家得度した常勝寺のある山田にも多大な影響を及ぼすことになった。

王政復古の大号令から三ヵ月後の慶応四年三月十三日に、神祇《じんぎ》（神道）関係の最高官庁である神祇官が設置された。そのことを下達する法令では、神武天皇による国家創業の体制に基づいて、天皇を核として政治と宗教（神道）を一体化させる「祭政一致」の制度を回復させるという王政復古の趣旨と、全国の神社と神職を神祇官に従属させる方針が宣言されたのである。

この法令により、万世一系の皇統を引き継ぐとされる天皇が政治と宗教を一元的に掌握する神道国教化政策の具体的な図式が提示された。すなわち、国家の中心に置かれた天皇が新嘗祭《にいなめさい》などの宮中における祭祀を行うとともに、神祇官が統括する全国の神社において宮中祭祀と同様の祭礼を実施することで、天皇の祭祀権が全国民に影響力を及ぼすイデオロギーを構築することが目指されたのである。この政策が成功すれば、天皇の背後に存在した薩長藩閥政府による明治維新は正統化されることになる。

神道国教化政策によって、伊勢神宮が存在する宇治・山田は大きく変化した。江戸時代以前の伊勢神宮とその社領では、鎌倉時代末期に成立した伊勢神道に基づいて、内宮・外宮の祭神である天照大神《あまてらすおおみかみ》と豊受大神《とようけのおおみかみ》を無上の神とし、仏教を忌避する思想が存在していた。しかしその思想は、僧侶であっても剃髪《ていはつ》を隠すための「附髪」を着して法衣を脱げば参拝は可能であったことから分かるように、仏教の思想や寺院・僧侶そのものを禁忌とするのではなく、仏教的な要素を外観上で分離すれば事足りるものであった。よって、江戸時代における宇治・山田の地域社会では神と仏が共存していたが、慶応四年三月二十八日に新政府が発した神仏分離令によって徹底した仏教の排除が命じられたのである。

神仏分離令は、神道国教化政策を推進するために、仏教の論理で仏と神を一体化させる神仏習合状態にあった全国の神社から仏教的な要素を物理的に除去する目的で出されたものである。宇治・山田においても、伊勢神宮の保持を任務とした江戸幕府の遠国奉行である山田奉行に代わり、新政府の行政機関として設置された度会府《わたらいふ》の下で、神仏分離政策が具体化していくことになった。

還俗僧侶の狂奔

度会府は、明治元年（一八六八）に神仏分離に関わる二つの命令を出している。すなわち、神領内における仏教的な言葉を用いた地名の改称と、神道式の葬儀である神葬祭の実施に伴う寺請《てらうけ》の廃止である。後者の寺請は、よく知られているように、キリシタンでないことを証明するために寺院の檀家になることを民衆に義務づけた江戸幕府の制度であり、それを廃止したことは寺院の経営基盤を揺るがすことになった。

寺請廃止に伴って、度会府は還俗《げんぞく》と廃寺を奨励しており、還俗した僧侶には住職をしていた寺の土地・伽藍《がらん》・什物を無償で下げ渡すとともに、帯刀御免の仮府兵格とすることを認めた。さらに、還俗の率先者であった僧侶に報奨金として金三百疋（金三分。金四分が金一両にあたる）を下賜したことから、浮き足だった僧侶は先を争って還俗・廃寺を願い出ており、山田では安政二年（一八五五）段階に百二十ヵ寺存在した寺院のうち、廃寺に及んだものは百九ヵ寺の多数に上ったのである。

このような僧侶の狂奔ぶりを、前田は嫌悪に満ちた筆致で『隔生即忘』に書き残している。

澆季《ぎょうき》意思の薄弱なる僧侶、得たり賢しとし、その命これ従い、これ服し、喰わざれし府兵格と云える一種奇怪なる帯刀公許の下に、急転して妻帯肉食の俗漢となりおわ

せり、(中略)当時府兵格として両刀を横たえ、意気揚々として闊歩せし彼等の醜態、
想像するごとに嘔吐一番の概ありき

江戸幕府の手厚い保護に慣れた山田の僧侶が、度会府の勧誘に応じて簡単に還俗し、仮府兵格として得意げに帯刀闊歩する姿を、前田は唾棄すべきものとして記憶していた。さらに、明治二年四月に度会府によって組織された還俗僧侶の歩兵部隊である帰神隊が、横笛太鼓の音に合わせて離合集散を繰り返す英国式操練を受けていたことについて、「頗る《すこぶ》一時の奇観にして百鬼昼行の趣あり」と評している。

帰神隊は、結成から三ヵ月後には早くも廃止となり、還俗僧侶は行き場を失った。生計を立てる方法を求めて、仏具を投げ売りして資金を得て商売を始める者や、農業に従事する者が現れるが、労働の経験がない彼らは収益を得ることができずに進退窮まったのである。なお、前田が出家得度した常勝寺もこのとき廃寺になっている。

社会の変化に動揺して仏教者としての本分を捨て去った結果、すべてを失った還俗僧侶の結末をつぶさに見た経験は、前田の思想形成に少なくない影を落としたと思われる。後年に至り、前田は妙心寺派の宗政家として宗派自治の強化に邁進するが、それは国家権力の威圧や勧誘に籠絡されてしまった山田の僧侶の姿が脳裏に焼き付いていたからではないだろうか。

また前田は、江戸時代に伊勢神宮を参詣する僧侶が、先述したような「附髪」というカツラを着けたことについても、「敬不敬の如何《いかん》を論ぜんよりは、寧《むし》ろ一場の滑稽」と厳しく批判している。身分制度が存在する江戸時代においては、個々人が属する身分を表象する服装などの外見が重要な意味を持ったのであり、僧侶の「附髪」着用はむしろ社会の本質を示す事象と評価できるが、仏教教団の存在意義を突き詰めて考えていた前田にとっては、かつての記憶を仏教の堕落としか捉えられなかったのであろう。

2　教導職制度と臨済宗宗政の成立

神道国教化政策の停滞と教導職制度の開始

修行生活を終えた前田は、近代的な宗派としての体裁を整えようとする臨済宗の宗政に参画していくことになる。それは、新政府が推進する神道国教化政策が行き詰まったことに伴い、先述した神仏分離令に伴う廃仏毀釈《はいぶつきしゃく》や寺院の領地・境内地を没収する明治四年（一八七一）の上知令などで存在基盤を切り崩された仏教教団側が巻き返しの動きを見せたことに連動するものであった。

神道国教化政策は、全国の神社から仏教を排除して神道を社会に浸透させることと同時に、キリスト教信仰の流布を防ぐことも目的としていた。この問題を担当したのは、布教を任務とする役所として設置された神祇官附属の宣教使《せんきょうし》であったが、適切な人材を確保できなかったために十分な役割を果たせなかった。特に宣教使が解決を期待されたのは、肥前国彼杵《そのぎ》郡浦上村に潜伏していたキリシタンが来日したキリスト教宣教師に自らの信仰を告白し、キリスト教徒として公然と振る舞ったことで発生した浦上キリシタン問題であるが、キリシタンの抵抗にあって教諭に失敗したのである。

宣教使に代わってキリシタンへの説得を担ったのは僧侶であり、キリスト教禁教についての仏教の役割が見直されるようになった。機能を発揮せずに「昼寝官」・「因循《いんじゅん》官」と揶揄《やゆ》された神祇官は、明治四年八月八日に神祇省へと降格になっている。

新政府のキリスト教に対しての認識は、明治四年十二月に太政官（現在の内閣に当たる）左院から出された次の建議書に表現されている。

共和政治の学を講じ、国体を蔑視し、新教を主張し、民心を煽動する類《たぐい》、間々或《あるい》はこれ有り、抑《そもそも》我が帝国権力、他の国体と比較してこれを議するを得ず

民主主義の学問を講じ、天皇中心の国家体制を蔑視し、キリスト教を主張して民心を扇動する人間も時おり見受けられるが、大日本帝国の国家体制は他国に比べても議論の余地がないほど優れていると述べられている。キリスト教の布教は「共和政治」（民主主義）

写真6　島地黙雷

の展開と連動するものであり、日本の国家体制を危うくすると考えられていたのである。

　このような流れを捉えて、仏教教団側は自らが関与する形式での宣教使に代わる新たな国民教化体制の樹立を目指した。その動きを主導したのが西本願寺の島地《しまじ》黙雷《もくらい》である。島地は長州藩領である周防国の出身であり、幕末期において西本願寺が長州藩を支援したことから、木戸《きど》孝允《たかよし》ら新政府の要人と懇意な関係にあった。また、明治元年に長州藩領の末寺総代として上洛し、本山改革に参画するとともに廃仏毀釈対策に奔走しており、西本願寺宗政を代表する存在になっていた。

　島地は、明治四年九月に宣教使を廃止して新たに「教義」を監督する役所を設置し、キリスト教を防止するために僧侶を布教の任に就かせることを新政府に請願した。ここで述べられている「教義」とは、明治三年正月三日に明治天皇より出された「大教宣布の詔《みことのり》」によって示された「大教」、すなわち、万世一系の天皇による国家支配とそれを支える忠孝の論理を広めることを意味している。

島地の請願を受けた新政府は、明治五年三月十四日に神祇省を廃止し、新たに教部省を設置した。この教部省新設に伴って、全国の僧侶と神職が国民教化のための無給の国家官吏である教導職に任命されることになったのである。

神仏合同大教院の成立と教導職試験

明治五年（一八七二）四月二十八日に、教導職による布教の原則である三条教則が教部省から布達された。

第一条
一、敬神愛国の旨を体すべき事
第二条
一、天理人道を明かにすべき事
第三条
一、皇上を奉戴《ほうたい》し、朝旨を遵守せしむべき事

第一条では神道を敬って愛国の意識を持つこと、第二条では儒教的な社会秩序を守ること、第三条では天皇の命令に従うことが示されている。

大教宣布を効率化するために、数多くの宗派に分立していた仏教教団は天台宗・真言

宗・禅宗・浄土宗・浄土真宗・日蓮宗・時宗の七宗に統合された。それと同時に神仏教導職を管理するための教導職管長制が導入され、各宗の長は管長に任じられている。教導職は一級の大教正《だいきょうせい》から十四級の権《ごん》訓導まで十四等級に分かれており、各宗管長の薦挙に基づいて補任されることになった。

以上のような枠組みで教導職制度は開始されたが、僧侶にとって『日本書紀』のような神典に基づいた「敬神愛国」の趣旨を布教することは未知数の問題であり、仏教各宗は教義の講究と教導職の養成を目的とする大教院の設置を教部省へ請願した。

それに対して神道関係者の勢力が強まっていた教部省は、徳川家の菩提寺であった増上寺の本堂に設置された大教院を神主仏従の神仏合同機関と位置づけ、旧神祇官の神殿である八神殿を儀式の施設として移築した。明治六年六月十七日に行われた八神殿の落成式には僧侶が神職の装束を着て参加することになり、仏教側から見れば異様な事態に陥った。

また、大教院が発足した後の教導職補任は、大教院で神職・僧侶の試験を一律に行い、その結果によって等級を決定する方法へと変更された。試験内容は、三条教則を始めとして、神道的な知識を中心とする「神徳皇恩」・「人魂不死」・「天神造化」など十一ヵ条で構成される十一兼題と、新政府の文明開化政策を理解させるための「皇国国体」・「万国交際」・「国法民法」など十七ヵ条で成り立つ十七兼題で構成されていた。

この変更により、教導職進退の権限が各宗管長から大教院に移動した。さらに、明治七年七月十五日の教部省通達によって、試験を受けて教導職試補（教導職七級以下のこと）以上として認定されなければ寺院住職に就任できないと規定され、住職資格も新政府に直接統制される形式になったのである。

島地黙雷の三条教則批判と神仏合同大教院の廃止

このような新政府の宗教政策に危機感を感じた島地黙雷は、信教の自由と政教分離を求める運動を開始した。明治五年（一八七二）一月からヨーロッパに渡航して西洋近代国家と宗教との関係を学んでいた島地は、ヨーロッパにおいて信教の自由と政教分離が国家統治の原則になっていることを知り、同年十二月に「三条教則批判建白書」を新政府に提出したのである。

「三条教則批判建白書」では、政教関係を次のように定義している。

政教の異なる、固《もと》より混淆《こんこう》すべからず、政は人事なり、形を制するのみ、而《しこう》して邦域を局《かぎ》れるなり、教は神為なり、心を制す、而して万国に通ずるなり

まず、政治と宗教は性質が異なるので一体化してはならないこと、人為である政治は形式的・局地的なものに過ぎず、神為である宗教は人間の心を制して世界全体に広がること

を述べている。

続いて、

教条三章第一に曰く、敬神愛国云々、所謂《いわゆる》敬神とは教なり、愛国とは政なり、豈《あに》政教を混淆するに非ずや

と、三条教則の第一条「敬神愛国」について、神を敬うのは宗教、国を愛するのは政治なのであり、この条文は政教を分離できていないと指摘したのである。

その一方で、島地は次のことも論じている。

第三章　尊王遵朝云々、臣謹《つつしみ》て案ずるに、尊王は国体なり、教に非るなり、（中略）それ至尊至重は国体の定るところ、誰が奉戴拝趨《ほうたいはいすう》せざらん

天皇を重んじることは国体（天皇中心の国家体制）の問題であり宗教ではない、国家の大原則である国体の尊重は誰もが必ず行わなければならないとしている。島地の信教自由説は、神社への崇拝が含まれる国体尊重が大前提になっており、大きな限界を抱えたものであった。

しかし、それでも信教の自由・政教分離の主張は画期的なものであり、島地に率いられた浄土真宗は神仏合同大教院からの分離を目指して活動を展開する。その結果、明治八年五月に神仏合同大教院、同十年一月に教部省が廃止され、神道国教化政策は破綻したので

ある。教部省の事務は内務省社寺局に移管され、教導職制度自体はその後も存続することになった。

臨済宗大教院の発足と信教自由の口達

島地らによる運動が成功したことにより、仏教各宗は独自の動きを見せ始めた。先述した明治五年（一八七二）の宗派統合によって臨済宗・曹洞宗・黄檗宗は「禅宗」にまとめられたが、国家権力による強制的な統合は早々に解消され、明治七年に臨済宗は一宗として独立した。

神仏合同大教院の廃止に伴い、各宗は三条教則の遵奉を条件に自らの大教院を設置することになった。明治八年五月に、臨済宗は各本山が連合して臨済宗大教院を組織するとともに、全十条から構成される「臨済宗大教院規約」を制定したのである。

この規約では、臨済宗大教院の具体的な権限について、第一条で従来の宗務機関として存在した宗務局の機能を移して宗内行政を行うこと、第四条で三条教則に依拠して布教活動と教導職試験を管理していくことなどが定められた。

また、第六条には注目すべき規定が置かれている。

第六条

従前不立文字《ふりゅうもんじ》を口実とし、宗教の何物たるを弁《わきま》えず、委々《いい》随々地《ずいずいち》にして遊惰放逸の輩間々これあり、自今一宗限り布教に付、一層奮□《（励力）》して、上求菩提下化衆生《じょうぐぼだいげけしゅじょう》の本志を失すべからざる事

禅宗の大原則である「不立文字」を口実として、宗教の本質を理解せずに主体性なく遊び呆けている僧侶が見られるので、今後は臨済宗としての布教活動を励行し、悟りを求め、人々を教化していく本意を見失ってはいけないことが謳《うた》われたのである。

このような個性を打ち出そうとする各宗の行動は、明治八年十一月二十七日に教部省が発令した「信教自由の口達」によってさらに促進された。以下はその一節である。

それ教導職は各自の教義を以て教導する者にて、その管長はその部内の教義を掌握し、布教上の責任を担当するものとす、（中略）その教法家は信教の自由を得て行政上の保護を受くる以上は、能《よ》く朝旨の所在を認め、啻《ただ》に政治の妨害とならざるに注意するのみならず、務めてこの人民を善誘し、治化を翼賛するに至るべき

教導職は各宗独自の教義を踏まえて布教を行い、管長が教義内容を掌握して布教上の責任を持つこと、行政上の保護を受けて信教の自由を得た以上は、国家の政策に協力するかたちで人民を善導しなければならないことが取り決められた。

「信教自由の口達」は、完全な信教の自由を認めたものではないが、教導職が各宗の教

義を踏まえて布教することを可能にしたのであり、「臨済宗大教院規約」第六条の趣旨を制度的に担保することになったのである。

臨済宗大教院の運営と九派分裂

臨済宗大教院には総黌《そうこう》（学校）が設置され、百名余りの生徒に対して臨済宗の宗義を踏まえた教育が行われた。最初に提唱（講義）を行ったのは臨済宗管長の関無学《せきむがく》と黌長の今《いま》北洪川《きたこうせん》である。関は、筑後久留米藩主有馬家の菩提寺である梅林寺の発展に尽力し、明治七年（一八七四）に妙心寺住職を継いだ後は幾たびか管長を務めて妙心寺派を支えた僧侶であり、今北は、同八年に円覚寺住職となり、その後に日本の禅文化を海外に広めた禅学者鈴木大拙《すずきだいせつ》を指導したことで知られている。両者ともに臨済宗における当代一流の高僧であった。

写真７　関無学頂相（部分）

明治九年二月一日に臨済宗大教院は東京の下谷《したや》茅《かや》町から湯島麟祥院に移転するが、それに先だって妙心寺の特選により前田が総黌の助教に就任した。麟祥院の大教院開院式では、大導師の関、開講教師の今北に続き、前田は説教師の役割を与えられている。このとき前田は二十八歳の若さであったが、幼いころから積み上げてきた学識が臨済宗内で高く評価されていたことがうかがえる。

先述したように明治七年に一宗として独立した臨済宗は、同九年九月十一日に九派へと分裂する。前節で説明した五山・林下の区別に従い九派を列挙すれば、京都五山の南禅寺派・天龍寺派・相国寺派・建仁寺派・東福寺派、鎌倉五山の建長寺派・円覚寺派、林下の大徳寺派・妙心寺派となる。

九派それぞれの勢力は、明治十四年の統計によれば**表1**のごとくである。

表1　明治14年1月段階の臨済宗各派勢力

№.	宗派名	寺院数	教導職・同試補数	住職数	前住職・徒弟数
1	妙心寺派	3671	3762	2691	1071
2	南禅寺派	735	690	551	139
3	建長寺派	497	427	335	92
4	東福寺派	322	311	248	63
5	大徳寺派	216	221	166	55
6	円覚寺派	215	202	149	53
7	永源寺派	180	124	103	21
8	天龍寺派	168	193	132	61
9	相国寺派	162	143	105	38
10	建仁寺派	76	80	57	23
	総　計	6242	6153	4537	1616

この段階では東福寺派から永源寺派が独立しているので十派になっているが、すぐに指

摘できる特徴として、総寺院数六千二百四十二ヵ寺のうち№1の妙心寺派が寺院数三千六百七十一ヵ寺と半数を占めている点が挙げられる。妙心寺派の寺院数が突出しているのは、前節で述べたとおり、戦国時代に顕著な地方展開を行い末寺を獲得した結果である。

右の勢力で九派は独立するが、臨済宗大教院は九派の連合管理という形式で継続されることになった。九月十三日には「大教院事務章程条款」の改正が教部省に認可され、九派それぞれに設置された管長が教導職試補の任命を行い、その結果を臨済宗大教院の当直管長が取りまとめて教部省に届け出ること、九派の管長が一年交代で当直管長を務めて臨済宗大教院で事務を担当することなどが定められた。

また、東京と京都に教学校を設置することも規定された。従来の臨済宗大教院に附属する総黌の他に、西日本の宗門子弟の便宜を図るために京都に学校を創設することになったのである。明治十年五月一日には、東京大教院と京都府の円福寺に臨済宗本黌が設立されており、同十一年八月に京都の本黌は南禅寺塔頭金地院に移転した。

臨済宗大会議

明治十二年（一八七九）九月一日に臨済宗大教院は廃止されることになり、その機能は九派それぞれの本山寺院に成立した大教院に移された。その一方で、建仁寺塔頭西来院に置かれていた九本山合議所を九本山事務局に改めるとともに、旧東京大教院には九本山事務出張所が設けられ、臨済宗全体として活動する枠組みも残された。

翌九月二日には、九本山事務局より西日本各府県の宗内教義取締（末寺の代表者）に対して次のような達書が出されている。

> 這回《しやかい》大会議を開き、宗義を討論し、別紙議目に準し、僧《（総）》校共立可否の義は衆議多分に取り、将来の校規を確定せんと欲す

達書では、臨済宗における初めての議会である「大会議」を実施し、「別紙議目」に準拠して共立学校設置の是非を多数決で決定して学校の規則を確定させることが示された。「別紙議目」には、議事として「専門布教の議」・「総校共立の事」・「賦課金方法の議」の三点が挙げられている。明治十年代の前半には、板垣退助《いたがきたいすけ》が組織した愛国社を中心として国会期成同盟が結成されるなど、自由民権運動の高まりから国会開設を求める大きなうねりが社会一般に生じたが、そのような動向の影響を受けて、仏教宗派の運営方針も議会での議論によって決定されるべきという考え方が産み出されていたのである。

右の達書に従って、臨済宗西部大会議が建仁寺大方丈において十月三日から九日まで開催され、五十名の議員が召集された。傍聴人は四百余名が集まっており、関心の高さがうかがえる。

大会議の結果、「専門布教の議」では、九派管長のうちの代表者が日本全国を巡回して教化活動を行うこと、「総校共立の事」では、東西二校の共立総黌を設置して「二大教師」を招請することなどが定められた。決議に従って臨済宗総黌は廃止となり、新たに東日本・西日本の九派共立学校である東部大教校と西部大衆寮《だいしゆりよう》が設置されている。

「賦課金方法の議」では、寺院ごとに毎年金一円を課して九本山事務所費や共立総黌費などに充てることが決議された。臨済宗西部大会議の主要議題は教育・布教であり、それを支える財源として賦課金の問題が議論されたのである。

なお、明治十三年五月三日から九日まで臨済宗東部大会議が開催され、西部大会議と同様の議論が行われた。

3　「妙心寺派憲章」と妙心寺派宗政の展開

妙心寺派の動向と前田の布教活動

西部大会議・東部大会議において臨済宗全体の活動方針が打ち出されたが、各派はそれぞれに抱えた教育・布教や財政などの諸問題を解決するために、大会議終了後に宗派運営方法を個別に模索し始めた。例示すれば、明治十四年（一八八一）三月に建長寺派が「本末協同の会議」を開催して布教拡張・学校設立などについて議論しており、同十五年七月に南禅寺派が瑞龍学林と称する学校を開設している。

妙心寺派でも、東京での拠点として僧堂を併設した妙心寺別院の設置が構想され、明治十三年七月に徳島藩主蜂須賀《はちすか》家の菩提寺として栄えた浅草海禅寺に別院が置かれている。また、同年九月に管長関無学が東京からの帰途に巡教を行っており、沿道各地の檀信徒を教化して教線の維持拡大に努めた。地方檀信徒への布教は、管長代理の僧侶によって全国規模で展開されており、明治十三年十月より釈暁宗《しやくぎようしゆう》が島根県へ、同十四年三月には今川《いまがわ》貞山《ていざん》が山梨県・長野県などへ派遣された。そして、先に臨済宗総黌の助教に抜擢された前田も管長代理の任に就き、明治十四年四月に布教のため島根県・岡山県に向かったのである。『明教新誌』に掲載された「巡回日記」から前田の足取りを追ってみたい。

前田は、師である端道の没後に住職となった岐阜県の梅谷寺を四月二十七日に出発しており、妙心寺を経由して松江に到着したのは五月五日であった。六日から八日までは松江城の北側にある万寿寺に滞在し、巡回の行路などについて協議を行っている。それから七月中旬までの約七十日間、島根県の楯縫《たてぬい》郡・神門《かんど》郡・出雲《いずも》郡・飯石《いいし》郡にある妙心寺派寺院五十六ヵ寺を訪れ、ほぼ毎日布教に従事した。薬師如来信仰に基づく病気治癒の霊験で有名な一畑《いちばた》寺では、本堂修造の法要に合わせて三日間にわたり昼夜説教を行い、「無慮《およそ》万余に至る」聴衆を集めたとされている。それ以外の各寺院でも、百余名から五百余名の人々が前田の説教を聴聞した。七月十五日に岡山県に入った前田は、津山の本源寺・安国寺で多くの聴衆を相手に説教を行い、二十七日に妙心寺に帰着している。

このような精力的な布教活動は前田の声望を高めた。明治十六年以降の妙心寺派では布教活動が組織化されており、同年二月に妙心寺で説教師の講習会が行われるとともに、巡教使を任命して各地方に派遣することが決められた。前田は、四国および広島地方を担当したが、今治近くの孤島にある某寺へ暴風雨を冒して単身向かったところ、乗船が転覆して行方不明になった。この事件が『明教新誌』で次のように報じられたのである。

嗚呼《ああ》氏は三十余年の血気にて、派内にその名高く聞え、才学兼備の人なりしに、この災変に遭遇せられしは同宗、否な教義のために慨歎限りなき次第なり

才学兼備の人である前田の遭難は、臨済宗のみならず仏教の教義にとって損失であったと述べられている。前田の名は宗派外でも広く知られるようになっていた。

明治十六年には妙心寺派でも大衆寮という学校が開かれており、四十三名の学侶が新たに入校した。教育内容は講師であった鷲嶺韜谷《わしみねとうこく》による『円覚経』・『維摩経』の提唱などであり、江戸時代における僧堂教育の延長線上にあったと評価できるが、大試験を実施して成績判定をした点で江戸時代と明治期の宗門教育は決定的に相違していた。試験によって

生徒の質を担保するという発想は、神仏合同大教院において教導職の水準を維持するために始められた試験制度に端を発している。巡教使の各地への派遣も、教導職制度における上級教導職の全国派出に範を取っているのであり、教部省と大教院で規定された諸制度が妙心寺派の教育・布教活動に影響を及ぼしていたことがうかがえる。

明治十七年太政官布達第十九号

妙心寺派が積み上げてきた宗派運営の方法論は、明治十七年（一八八四）八月十一日の太政官布達第十九号で教導職制度が廃止されたことにより、さらに整備されることになった。以下は布達の文面である。

自今神仏教導職を廃し、寺院の住職を任免し、及び教師の等級を進退することは総て各管長に委任し、更に左の条件を定む

神道・仏教双方の教導職を廃止し、寺院住職の任免と教師（教導職の後身）等級の進退は管長に委任することが通達されている。最後の「左の条件」には五ヵ条あり、宗制寺法などを制定して内務卿（内務大臣に当たる）の認可を受けることが規定された。

教導職制度の廃止は、島地黙雷らによる運動の影響とともに、祭神論争と呼ばれた神道の教義をめぐる次のような紛争の発生が理由になっていた。すなわち、明治八年の神仏合

同大教院解散後に、神道側はそれに代わる大教院として神道事務局を設置して造化三神《ぞうかさんしん》（天と地ができた際に現れた三柱の神々）と天照大神を祀る方針を出したが、出雲大社系の神職が大国主大神《おおくにぬしのおおみかみ》を祭神に加えるように要求したために、伊勢派と出雲派による神道界を二分する争いが起きたのである。

この紛争に明治政府は困惑した。天皇中心の国家体制を正統化する政治思想として神道は位置づけられたのであり、神道界内部で教義に関わる対立が生じることは国家統治の妨げになったからである。問題を解決するために、明治十五年に神道は祭祀であって宗教ではないとする解釈を示し、神道の宗教性を形式的に否定して政教分離を成立させようとした。この段階で神職は教導職兼務が不可能になったのであり、さらに太政官布達第十九号で神仏双方の教導職制度が廃止されたことによって、国家が直接宗教者を把握して統制することは放棄された。

伊勢派・出雲派による祭神論争や曹洞宗内における永平寺と総持寺の争いなど、明治十年代前半に発生した宗教紛争に介入した内務省は、教団法に当たるものを制定させて教団内部より選出された議員による討議をすることで紛争解決を図る方針を取った。前節で論じたように、明治十二年・同十三年に臨済宗西部大会議・東部大会議が開催されたが、当該期に議会を開いたのは臨済宗だけではなかった。同十二年十一月に真言宗大会議、同十三年六月に天台宗大会議が開催されており、これら一連の動きは内務省による行政指導の存在を示唆している。明治十七年の太政官布達第十九号は、このような方針と同じ文脈で定められたものであり、妙心寺派でも議会の開設と宗制寺法の編纂が進められることになったのである。

「妙心寺派憲章」

太政官布達第十九号の発令に伴い、妙心寺派大教院が妙心寺派教務本所に改称されるとともに、明治十七年（一八八四）十二月一日より全国末派（末寺）総代議員六十余名が召集されて大会議が開かれた。前田ほか三名が宗制寺法の起草委員に任命されており、大会議での議論の結果まとめられたものが、明治十八年七月十日制定の「妙心寺派憲章」である。

「妙心寺派憲章」は五章立てであり、第一章が宗制、第二章が寺法、第三章が僧侶並びに教師の分限及び称号、第四章が住職任免・教師等級進退の事、第五章が古文書・宝物・什器類保存の事という構成になっている（表2参照）。全三十一条という簡略な内容であるが、本山と末寺の関係については様々な規定が設けられた。

まず、第二章第三条において本山による末寺統制の原則が次のように定義されている。

第三条　本山に於て末派を統轄するの法則は、専制独断を容《ゆる》さず、本末相依り至正公平の討論を尽すの先規なり、これ故に自今も管長始め諸前住職の者及び執事以下の職員を置き、末派の建議を採納し、可否を衆議の多分至理の帰する処に決断し、大小の要務を整理すべし

本山が末寺を統制する際には、独断専行を行わず公平に議論を尽くさなければならないこと、教務本所に執事以下の職員を置いて末寺の意見を採用するとともに、多数決で物事

表2 「妙心寺派憲章」の内容

第1章　宗制	
第1条	宗旨の大要
第2条	宗教の主眼
第3条	綱領
第4条	所化接得の方法
第5条	法服着用の義務
第6条	托鉢規則の遵守
第7条	争端の厳禁
第8条	懲誡処分の実行
第9条	管長選定の方法
第2章　寺法	
第1条	寺内における軌範の定義
第2条	住職の本務
第3条	本山による末派統制の原則
第4条	本山の末派に対する権利義務、末派の本山に対する権利義務（全28則）
第5条	寺院等級法階法服区分表
第6条	葬祭
第7条	伽藍・土地の抵当設定禁止
第8条	新寺建立・廃寺再興の方法
第9条	寺院財産と住職財産の区別
第10条	教務本所・布教・教区・花園教会の規定
第11条	住職交代の方法
第12条	宗費滞納者の処分
第3章　僧侶並びに教師の分限及び称号	
第1条	教師の等級
第2条	教師の資質の検査
第3条	法階教師等級匹対標
第4条	得度の際の法号改称
第4章　住職任免・教師等級進退の事	
第1条	妙心寺住職の資格
第2条	国律公権停止の僧侶の処分
第3条	住職の資格
第4条	専門道場掛錫の必要
第5章　古文書・宝物・什器類保存の事	
第1条	目録帳の調製
第2条	什物類の移動の届け出

を決定することが謳われた。

第二章第四条では、前条の理念を具体化するために、本山の末寺に対する権利および義務と、末寺の本山に対する権利および義務が二十八則にわたって規定されている。「妙心寺派憲章」は第二章第四条の条文の長さが特徴であり、先の大会議において末寺の処遇が議論の焦点になったことがうかがえる。二十八則のうち、最も重要と思われる条文は第十六則と第十九則である。

第十六則　本山は、財途賦課の点に付きその出納を計画し、若しくは宗規上より前途の方法を議定するがため、時として地方末派代議員を徴集し、諮詢会を開き、或は議案を各地方教務所へ下附し意見を稟申《りんしん》せしむ

第十九則　全国末派寺院は、本山の特権を主治する管長及び議事・執事を撰挙するの公権を有す

第十六則では、「財途賦課」、すなわち末寺に賦課金を求める場合は、地方末寺の議員を召集して諮詢会を開くか、地方教務所に議案を送って意見を徴するとされており、宗派の財政運営について本山の恣意性を排除することが目指された。第十九則では、管長と教務本所職員である議事・執事の選任について末寺は選挙権を有すると定められている。管長のみならず、教務本所の職員まで選挙で定めるとしたところに、末寺の権利を尊重する考

え方が示されている。

第二章第五条では、**表3**の「妙心寺派寺院等級法階法服区分表」が掲げられた。表の右端にある寺院等級（寺格のこと、臨済宗では一般的に「寺班《じはん》」と称される）が別格と一等から六等まで七段階で設定されており、それに対応するかたちで僧侶の法階・衣体《えたい》（装束）・賦課金などが定められている。**表3**に詳細は記されていないが、寺班を始めとする様々な階級を昇進させるためには本山へ上納金を納入することが必要であり、末寺の諸負担が具

表3　妙心寺派寺院等級法階法服区分表

寺院等級	法階	色衣	袈裟	本山結衆日	学科	僧堂結衆	住職年齢	法階年齢	職銭
別格	再住	地紋	緋紋白						
壱等	前住	紫衣	諸色	三百六十日	高等	六年以上	二十五年以上	四十年以上	参拾円
弐等	準前住	緋衣	金襴ヲ除	三百日	同上	五年以上	同上	三十七年以上	弐拾円
参等	東堂	黄衣	同上	二百日	中等	四年以上	同上	三十五年以上	拾円
四等	準東堂	青衣	金襴及紫ヲ除	百日	同上	二年以上	同上	三十年以上	七円
五等	玉鳳	紺衣	同上	三十日	下等	一年以上	同上	二十七年以上	参円
六等	前堂	紺衣	紺	二十日	同上	一夏以上	同上	二十五年以上	拾弐（ママ）円

体的に体系化されたのである。

なお、妙心寺派寺院の寺班は、明治二十六年に全国的な調査が行われている。**表4**はその結果を一覧にしたものであり、等内地寺院（寺班六等以上）は二千四百三十ヵ寺、等外地寺院は千九十七ヵ寺が計上された。

表4　明治26年妙心寺派寺班調査

寺　班	寺　数
別格地	28
壱等地	221
二等地	99
三等地	231
四等地	549
五等地	814
六等地	488
小　計	2430
等外地	1097
庵　室	103
所轄地	16
小　計	1216
総　計	3646

建長寺派「寺班法」

表3から明らかなように、妙心寺派僧侶の様々な階級は住職を務める寺院の寺班を基軸に取り決められた。寺班の設定は、明治期に新しく開始された仏教教団による末寺統制の取り組みであり、その決定過程を知ることは重要であるが、史料的な制約から妙心寺派については詳細が分からないので、『明教新誌』に記録が残されている建長寺派の事例から考えてみたい。

建長寺派では、明治十八年（一八八五）八月二十六日から九月二日まで大会議が開催され、議員二十一名による審議が行われた。そのときの様子が「本山維持法に係る寺班（寺格を定むるを云う）新設の件に至りては衆議紛々、同宗固有の棒喝を挙揚し、師《（獅）》子奮迅の勢いありて、容易に議決を取難き景況」と記録されており、新たに寺班を設定するにあたって議論が紛糾したことが分かる。末寺の格付けは繊細な問題であり、簡単には決めることができなかったのである。

この大会議において宗制寺法が制定されているが、二年後の明治二十年八月に臨時大会議が開かれ、修正された「寺班法」と「寺班法附則」が議決された。最初に定めた寺班では円滑に物事が進まなかったので定義し直したのであろう。

「寺班法」第二条では、**表5**（次頁）のような寺班等級表が規定された。妙心寺派と同様に七等級が設けられるとともに、様々な上納金の金額が明示されているが、注目すべきは納金の欄である。納金とは、寺班の付与と引き換えに本山に上納される寺班金のことであり、末寺の財政力に応じて寺班が設定されたことが分かる。

「寺班法」第六条では、次のことが定められている。

第六条　寺班は、直末・孫末・曾孫《ひまご》等の別なく随意に進就するを得ると雖《いえ》ども、孫末等にて該本寺の班位より超進せんと欲する際は該本寺の承認を請うべし

寺班は、直末寺・孫末寺・曾孫末寺のどの階級に属する末寺であっても、希望する等級の付与を本山に求めることが可能であるが、孫末寺が中本山よりも高い寺班を希望する場合には中本山の許可を得なければならないとされている。この時期の建長寺派においては、

表5　建長寺派寺班等級表

等級	別格	一等	二等	三等	四等	五等	六等
法階	管長正住職	住山	準住山	東堂	西堂	前堂	後堂
衣	地紋紫衣	同上	紫衣	黄衣	紺衣	同	同幅輪なし
袈裟	一色金襴	同上	一色金襴を除く	金襴紫を除く	同上	紺色	同上
年齢	四十年以上	三十年以上	同上	二十五年以上	同上	二十年以上	同上
納金		二百円	百六十円	百二十円	七十五円	三十五円	十円
入寺香資	五円	同上	一円七十五銭	一円二十五銭	一円	五十銭	二十五銭
移転香資		五円	四円	三円五十銭	二円五十銭	二円	五十銭
祖忌香資	五十銭	三十銭	二十五銭	二十銭	十五銭	十銭	五銭
入寺法式	再住職	開堂	準住以下西堂迄秉払式を修す				
本庵継目		五円	四円	三円	二円	一円	五十銭

図2のような江戸時代以来の本山↓中本山↓末寺の関係が残存していたことが分かる。近代的な宗派運営を確立するためには、このような中本山を解体して本山が末寺を一元的に把握するとともに、平等に権利を与えられた末寺の代表を議会に召集して物事を決めていく原則を貫徹しなければならないのであるが、建長寺派ではそこまでの改革を一度に成し遂げることはできなかったのである。

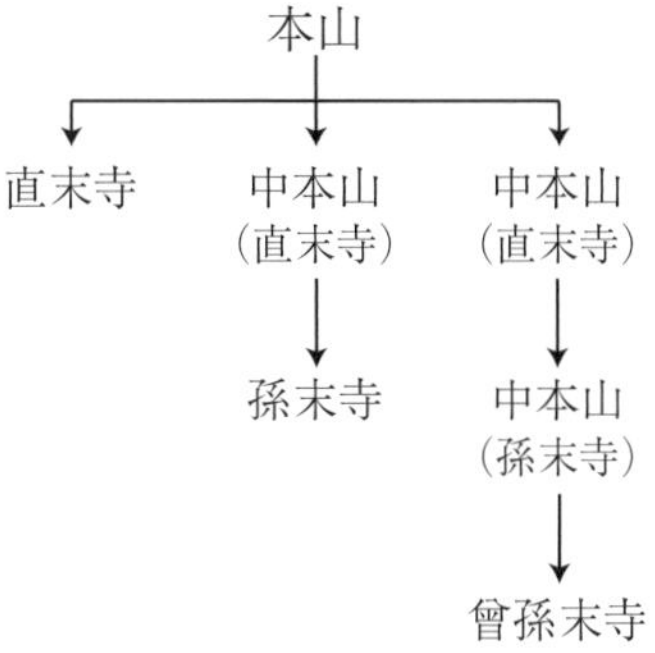

図２　本山→中本山→末寺

寺班金の納入には特徴ある方法が採用された。すなわち、「寺班法」第十一条で「寺班の職資金は七分利付に該当する公債証書を以て納めしむ」とされており、寺班金は現金ではなく公債証書で納めることになったのである。公債証書とは現在の国債に当たるものであり、年利七パーセントの公債証書を末寺に納入させて、その利子を宗派の運営資金に充てた。

また、「寺班法附則」第三条では、寺班金を上納した末寺は宗費（宗派運営のための賦課金）および僧堂維持金利子を免除することが定められている。寺班金が高額なので、それに加えて宗費を納めさせることは無理があったのではないだろうか。

建長寺派は、宗費を徴収せずに、寺班金で購入された公債証書の利子によって宗派の財政運営を行っており、妙心寺派においても同様の方法が採られた。公債証書によって生み出された収益が宗派の主要な財源になっていたことは、明治期における妙心寺派の動向を押さえる上で重要な事実になるが、それについては第三章で説明する。

「妙心寺派住職試験章程」

住職任免と教師等級の進退について管長に委任することを通達した太政官布達第十九号の内容を具体化するために、妙心寺派は明治十九年（一八八六）五月十八日に「妙心寺派住職試験章程」を制定した。その第一則は、「凡《およ》そ本派の僧侶にして一寺住職たる者、及び自今住職たらんと欲する者は、この章程に準じ試験を受くべし」とされており、現住職と今後住職になろうとする者は試験を受けなければならないことが謳われたのである。

明治十六年に発足した妙心寺派大衆寮において、僧侶の資質を担保するために試験制度が導入されたことの画期性を先に指摘したが、「妙心寺派住職試験章程」はこの枠組みを宗派に所属するすべての僧侶に及ぼそうとするものであった。次の第九則に見られるように、試験の合否に伴う僧侶の適性判断は厳密に行われることになった。

第九則　試験のうえ甲乙丙を判決し、若し乙科を得れば住職の後尚《な》を再試し、甲科に攀《よじ》らしむるを程度とす、丙科を得れば当日の落第とし、六ヶ月の後重《ま》て復た試験し、乙科を得るの後にあらざれば住職に撰挙することを免《ゆる》さず

試験の結果として甲・乙・丙の三段階評価を行い、乙科の評価を受けた僧侶については追試を行うこと、丙科の評価を受けた僧侶は落第とし、六ヵ月後に追試して乙科を得ることができなければ住職資格を認めないと定められたのである。

「妙心寺派憲章」の制定により、内務省による統制の下ではあるが妙心寺派は一定の自治を認められたのであり、宗派にとって必要とされる僧侶の資質が何であるかを自ら決定する必要が生じた。「妙心寺派住職試験章程」は、その資質の獲得を派内僧侶に要求するものであり、試験の内容に宗派の見識が問われることになる。

試験の題目は、第六則において五題が設定された。

○仏祖三経　一章又は一枚　講義
○禅門宝訓　一章づつ
○随意説教　一席　講録を呈せしめ演述
○三章大意　書綴を呈せしめ弁要
○十題の内一題　探題演義

一題目の『仏祖三経』は、禅宗で重んじられる経典である『四十二《しじゅうに》章経《しょうぎょう》』・『遺教《ゆいきょう》経《ぎょう》』・『潙《い》山警策《さんきょうさく》』、二題目の『禅門宝訓』は、中国宋代に編集された参禅者への垂誡の語句などがまとめられた書籍のことである。三題目の「随意説教」は、各自がテーマを選んで法話をすることを意味している。この三題は、禅宗の僧侶として求められる一般的な素養についての出題といえる。

四題目の「三章大意」と五題目の「十題」は、妙心寺派独自の課題と評価できるものである。両者は、「妙心寺派住職試験章程」の制定日と同日に、「妙心寺派教憲三章」・「妙心寺派問題十説」として派内に通達された。

「妙心寺派教憲三章」は、妙心寺派僧侶の活動原則を次のように定めたものである。

第一章　仏教の真理を明かにし、四恩《しおん》報謝の旨を体すべし

第二章　菩薩の悲願に準《よ》り、三有《さんぬ》抜済《ばっさい》の念を達すべし

第三章　国憲を遵奉し、職掌を勤守すべし

「妙心寺派問題十説」は、「妙心寺派教憲三章」を踏まえて課題を細かく設定したものである。

即心即仏説・因果応報説・和順同好説・会《え》通《つうに》二諦《たい》説・転迷開悟説・愛国利民説・演文尚武説・博物究理説・坤輿《こんよ》経緯説・宗教同異説

「妙心寺派教憲三章」・「妙心寺派問題十説」の詳細については、明治十九年八月五日に刊行された前田の著書である『問題略解』において解説されており、両者は前田の手によって策定されたものであったことが分かる。

次に、『問題略解』の内容について検討してみたい。

『問題略解』

『問題略解』は、仏教界に対しての前田の痛憤ともいえる序文から始まっている。

西教の闖入《ちんにゅう》してより、かの伝道師の弘教《ぐきょう》に拮据《きっきょ》熱心なる、我輩僧侶に比してその功程幾径《いくけい》ぞや、我が釈教の隠々累卵の危き、想うごとに満眼数塊の血涙あるのみ、祇《ただ》に憂うべきを憂えず、将《まさ》に為すべきを為さず、傲誕として吾れは某寺の住職なり、吾れは何々の僧侶なりと謂て、大坐平展、単に布施の些《すくな》きこれ憂いとし、檀家に諂諛《てんゆ》することれ勉む、卑屈の甚しき

キリスト教の国内流入以降、僧侶の布教活動はキリスト教の伝道師に比べて劣っている状況にあり、累卵のごとき仏教の危うさを思えば「数塊の血涙」が流れるのみである。僧侶は為すべきことを為さず、傲岸として住職の地位に安住し、布施が少ないことを憂いて檀家に阿諛するばかりである。この文章には、将来を見通すことができない堕落した仏教界と僧侶の像が描かれており、それを建て直すための強烈な問題意識をうかがうことができる。

しかし、「妙心寺派教憲三章」・「妙心寺派問題十説」の解説部分を見ると、それほど特徴のある思想を説いているわけではないことが分かる。

「妙心寺派教憲三章」の第一章「仏教の真理を明かにし、四恩報謝の旨を体すべし」に関しては、まず前段の「真理」について、それに対しての「妄」が「自己一分の我見に執

着し、世間一切の事物を正観せざる」ことによって生じるものであると位置づけ、智者は「正因正果の妙理を観察し、我見を拋却《ほうきやく》」することで「真理」を体得していると説明した。これは、仏教の基本的な教理である空《くう》の観念、すなわち、全ての事物は実体のない仮の姿であることが真理なのであり、人間の苦しみは心の認識作用によって顕在化する事物に執着するために起きるものであることを論じている。

後段の「四恩」は、一般的には『心地観経』にある父母恩・国王恩・衆生《しゅじょう》恩・三宝恩とされている。明治前期の仏教界においては、一宗派に偏らない仏教全般に共通する教説が存在することを前提に、宗派を超えた「通仏教」的な動きが顕著に見られたが、世俗的な倫理に繋げることができる「四恩」は「通仏教」の代表的な教説とされた。

「妙心寺派問題十説」の第一説「即心即仏説」は、心の本体が仏と異なるものではなく、この心こそがそのまま仏であることを意味する言葉であり、中国唐代の禅僧馬祖道一《ばそどういつ》以来の代表的な禅の教えである。ここでは、「学人信不及《しんじきれず》して、便《すなわ》ち名を認め句を認め、文字中に向《お》いて求め、仏法を意度《おしはか》る」、すなわち、仏が自分の心そのものであることを修行者は信じ切れず、言葉にしがみついては文字の中に仏法を求めて穿鑿《せんさく》するばかりであるという臨済宗の宗祖臨済義玄《りんざいぎげん》の言行をまとめた『臨済録』の一文が引用されている。

「妙心寺派問題十説」の第二説「因果応報説」から第五説「転迷開悟説」は、仏教一般の原理を説明するものであり、第六説「愛国利民説」から第十説「宗教同異説」は、世俗的な学問や常識を内容としている。

以上のように、「妙心寺派教憲三章」・「妙心寺派問題十説」は明らかに三条教則とその解釈を具体的に示した十一兼題・十七兼題の模倣であり、説いていることは仏教と臨済禅の正統的な解釈が中心であった。『問題略解』の叙述には、幼年期から修行時代にかけて百洲や端道全履から得た前田の学識が十分に生かされているが、「妙心寺派教憲三章」・「妙心寺派問題十説」ともに仏教一般のことを論じている部分が多く、禅に基づいた課題として十分に練られたものとは評価できない。

むしろ、前田の強烈な問題意識は、妙心寺派に属するすべての僧侶に試験を受けさせ、落第者には住職資格を認めないとする「妙心寺派住職試験章程」の制度面に向けられていたのではないだろうか。このような前田の強引ともいえる一面は、後々の妙心寺派に波瀾を引き起こす原因となるのである。

「妙心寺派学制」

住職試験制度に続き、教育制度の整備も行われた。明治十八年(一八八五)一月十一日に妙心寺派大衆寮は大教校という名称に改められ、同十六日に「大教校規則」・「学徒心得」・「警策条例」という三つの規則が定められている。

明治十九年十一月二十三日に、校則教則改良・教師改選の上で大教校の開業式が行われ、同年十二月に大教校を含めた妙心寺派全体の教育制度を定義した「妙心寺派学制」が制定された。重要な条文は、第三条から第六条までの四ヵ条である。

第三条　教校は普通大教校一ヶ所本山内に置く、中教校各地方教区毎に一ヶ所を置くべし

第四条　普通大教校には高等学科を置き、派内専門道場に入るの前、必ず修習すべき経論書史を学ばしむ

第五条　各地方中教校に初等・中等の学科を置き、本山大教校に入らんと欲する者の階梯を修学せしむ

第六条　沙弥《しゃみ》学科は各寺院に於て雛僧駈烏《すうそうくう》を教育せしむ

第三条では、本山に普通大教校、各教区に中教校を設置すること、第四条では、普通大教校に高等学科を設置して専門道場（僧堂）の掛搭《かとう》（雲水が僧堂で修行すること）予定者に学ばせること、第五条では、中教校に初等・中等学科を置くこと、第六条では、各寺院を沙弥学科に位置づけて雛僧（小僧）教育を行うことが定められている。

この四ヵ条からは、妙心寺派教育制度が大教校（本山、高等学科）→中教校（教区ごと、

初等・中等学科）→沙弥学科（各寺院、雛僧教育）の三段階になっていたことが分かる。これは、教導職制度における大教院（東京）→中教院（各府県単位）→小教院（全国の社寺）の模倣といえる。

教導職制度が妙心寺派の教育・布教活動に影響を及ぼしていたことを先述したが、「妙心寺派住職試験章程」・「妙心寺派学制」においても同様のことが指摘できる。「不立文字、教外別伝」を原則とし、法を言葉で説くことを前提としない臨済宗にとって、教育・布教は明治期に入り新たに直面した問題であった。妙心寺派として練り上げられた教育・布教の方法論が存在しないので、国家によって宗派運営を委任されて以降も、教育・布教活動の制度的な原型を教導職制度に求めざるを得なかったのである。

なお、明治十九年十二月に「妙心寺派大教校試験条例」が制定され、試験は五十一点以上が合格であり、それ以下は落第とすることが規定された。この基準に従って、明治二十年五月に普通大教校で春期大試験が実施されており、高等学科では十八名が合格して優等者が六名出ている。「妙心寺派学制」が制定された当初は、力を入れた教育活動が展開されていたことがうかがえる。

第2章

妙心寺派議会の開催と前田誠節の奮闘

1　第三議会と前田の台頭

興国寺住職就任・『正法輪』発刊・沖縄派遣

幼いときから培《つちか》った学識を手段に、妙心寺派教育・布教活動の整備に尽力した前田誠節は、円熟味を増した四十代から宗派運営の中心的な位置に上り詰めていくことになる。明治二十年代前半における妙心寺派の動向から、前田の活躍ぶりを追っていきたい。

写真8　興国寺

前田は、明治二十一年（一八八八）、四十歳のときに和歌山県由良に所在する興国寺の住職に就任している。興国寺は、当初は真言宗の寺院として創建され、建長六年（一二五四）に宋から帰国した無《む》本覚心《ほんかくしん》によって正嘉二年（一二五八）に禅寺に改められた。後醍醐天皇から法灯円明《はっとうえんみょう》国師の号を勅諡《ちょくし》された無本が亡くなった後は、その法系を継承する法灯派の本山になったが、江戸時代の初めに妙心寺の末寺に組み込まれた。紀伊・山城・伊勢・志摩四ヵ国に百ヵ寺の末寺を抱える中本山として栄えた興国寺は、妙心寺からの離末を目指して嘉永二年（一八四九）頃より和歌山藩および江戸幕府に訴訟を起こしており、明治維新後も内務省に対して独立の請願を続けていた。

前田は、妙心寺派に対して頑強に抵抗する興国寺側を説得するために特命を受けて派遣されたのであり、本末間の折衝に当たるとともに寺院内部の整理を行い、数十年来の葛藤と累積された借財を雲散霧消させている。

明治二十四年七月には妙心寺派の宗報である『正法輪』が発刊された。当初の事務局は、妙心寺塔頭恵照院《えしょういん》に置かれた正法輪協会本局が統括し、編集業務を東京支局が行う体制になっていた（二〇〇頁註⑥参照）。本局の幹事長に就任した前田は、『正法輪』第一号の「普説」欄に「正法輪発行の趣意」を寄稿している。以下はその結論部分である。

> 且《かつ》それ正法輪は、一人一己《いっこ》の私有物にあらず、又本山本所の専有物にもあらず、これを要するに、内にしては本派公共の機関とし、外にしては仏教社会全般の利害得失を究明するの用に供するに外ならず、これ故にその編輯《へんしゅう》登載する所は、不偏不党の精神を以て断案を下し、大に世出世の間に福祉光栄を与えんことを期す、これ我が正法輪発行の本旨なり

『正法輪』は、本山妙心寺と教務本所の私有物ではなく、派内の意思疎通を図るための

公共物であり、仏教社会一般に裨益するために刊行されるものであること、編集方針は「不偏不党」の精神をもって決定し、俗世間と仏教界の双方に福祉光栄を与えようとするものであることが述べられている。この前田の考え方は、後々の『正法輪』編集者に引き継がれた。

『正法輪』発刊と同じ七月に、前田は管長代理として沖縄県に向けて出発した。目的は、県内に存在する妙心寺派寺院に対して「妙心寺派憲章」制定後の宗派の方針を通達するためである。県内寺院の住職を召集した前田は、那覇安国寺を妙心寺派出張所とすること、住職の任免は管長が行うことなどを内容とする諭示告達を伝え、請書を提出させている。そもそも沖縄県所在の妙心寺派寺院は、室町時代に対日貿易を推進した琉球王国が外交手腕に長けた禅僧を登用したことがきっかけで建立されたのであり、明治十二年の琉球処分によって琉球王国が崩壊した後は衰退の一途をたどっていた。前田は沖縄県庁に出頭し、県内寺院が「自治自主」による改革を実施する方針であることを報告している。

濃尾地震への対応

明治二十四年（一八九一）十月二十八日、マグニチュード八・〇という世界でも最大級の内陸直下型地震であった濃尾《のうび》地震が、妙心寺派の教線が最も充実している岐阜県美濃地方・愛知県尾張地方を襲った。震源地は前田が修行生活を送った梅谷寺から北西へ約二十キロ離れた根尾谷《ねおだに》であり、死者は全国で七千名以上、全壊・焼失家屋十四万二千戸という大きな被害が出た。もっとも激しい被害を受けたのは震源地の南に位置していた岐阜市・大垣市などの市街地であり、加納町では全壊家屋が全戸数の六十三パーセントを越えた。しかも地震が起きた時間が朝食時の午前六時三十分過ぎであったことから各所で出火し、市街地の多くが焼失している。

濃尾地震による妙心寺派寺院の被害状況は、岐阜県内のみの状況を見ても、寺院数五百五十二ヵ寺に対して損壊数三百五十四ヵ寺（約六十四パーセント）、うち全壊が七十八ヵ寺（約十四パーセント）に及ぶという甚大なものであった。管長の芦匡道《あしきょうどう》は、前田を始めとする教務本所職員とともに十一月二十日に大垣、二十一日に岐阜、二十二日に一宮の妙興寺を訪れ、死傷者への追悼法要を営んだ。管長の一行が岐阜市内に入ったときには、「美《み》江寺《えじ》・河渡《ごうど》・本田などの部落及び沿道の挙村人家悉《ことごと》く潰倒し、看る人をして寒毛卓立《かんもうたくりつ》せしむ」状況であったという。

被災寺院・檀信徒への救恤は、妙心寺派にとって大きな課題となった。教務本所では明治二十四年度の特別支出策を編成し、四千二百八十五円余りを被害寺院扶助に充てることを決定したが、それは十分な支援策とは言い難いものであった。

震災への対応に当たっていた前田は、浄土真宗大谷派渥美契縁《あつみかいえん》・同本願寺派大洲鉄然《おおずてつねん》・天台宗村田寂順《むらたじゃくじゅん》とともに仏教各宗派の意見を集約し、愛知県愛知郡熱田町の白鳥貯木場などに蓄えられていた木曽御料林の材木を寺院再建のために低価で払い下げられるよう宮内省へ請願することになった。前田と渥美は明治二十五年二月に宮内省へ出頭し、各宗管長二十八名連名の歎願書を提出するが、三月二十六日に却下されている。その後、前田は内務大臣の副島種臣《そえじまたねおみ》に面会して請願するとともに、宮内省・内閣にも願書を提出した。

結局のところ御料木の払い下げは実現せず、濃尾地震は妙心寺派に大きな打撃をもたらし、後述するように宗派財政を圧迫する結果を招いた。しかし、各宗派の宗政家とともに仏教界を代表して行動した前田にとっては、その後の活動の幅を大きく広げるきっかけになったのである。

第二・第三議会の開催

明治十八年（一八八五）の大会議で制定された「妙心寺派憲章」において、「本末相依り至正公平の討論を尽す」という末寺統制の原則が打ち出されたことを受けて、議会は五年に一度の頻度で継続開催されることになり、明治二十二年十月から十一月にかけて第二議会が開かれた。議事録が残されていないので議論の詳細は分からないが、『明教新誌』

には主要な議事として次のことが記録されている。

維新已後大いに衰運を来し、一万以上の末派も殆《ほと》んど半数を減じたる有様にて、（中略）今この衰運を来したるは本山と門末の間に中本山・小本山の設けありて、各自勝手の寺法を設け、廃寺合院を企立つる等に原因するものなれば、ここに宗制寺法を改正し、中小本山を全廃し、全国の末寺を総て本山の直末となし、教令を一途に出し、同宗の宗義を拡張せんとの主意なり

元来一万ヵ寺以上を数えた末寺が明治維新後は半分にまで減少してしまったが、それは中本山が様々な規則を作って末寺を廃止・合併していることが原因なので、中本山を全廃して全国の末寺を本山の直轄にする方針が議会で唱えられたと述べられている。本山↓中本山↓末寺の階層構造を解体させるという大改革が目指されたのであり、議会では激論が闘わされたのではないだろうか。第二議会の結果、「大本山直末編入規約」が議会で制定され、全国の末寺を直末寺に組み込む制度的な枠組みが作られた。

続いて、明治二十七年四月二十五日から五月四日まで第三議会が開催された。『正法輪』に掲載されている議事録から議論の詳細を知ることができる。

議会に召集された議員は三十名であり、その内訳は公選衆十五名と特選衆十五名に分かれていた。公選衆は十四区に分かれた全国の選挙区から投票で選ばれた議員（美濃国選挙

区のみは末寺数が多いため定員二名)、特選衆は選挙を経ずに管長によって選抜された議員である。なお、議会の演説討論は速記法により細大漏らさず筆記される方針が取られた。

議会は初日に正副議長を選出し、二日目から本格的な審議に入るはずであったが、議員の木宮恵満《きみやえまん》から次の質問が出たことにより議論が紛糾した。すなわち、明治二十六年十一月に実施された議員選挙において美濃国選挙区の補員(次点)となった池田澤州《いけだたくしゅう》が特選衆議員として選抜されたことを詰問したのである。これは、『正法輪』に掲載された「東陲《とうすい》の小沙弥」を名乗る匿名者の寄稿文によれば、美濃国から選出された公選衆議員の二名が「一切の迷惑を引受けんこと」を条件に池田を特選衆に任用するよう教務本所に歎願したことが原因で発生した事件であった。

教務本所側は説明を試みたが、木宮が「憤然冠を衝く」勢いで反駁《はんばく》演説をしたため、前田が議会終了後に引責して管長に進退伺いを提出すると答弁して場を収めた。このやりとりは、『正法輪』の議会評において、前田の引責発言で矛を収めた木宮の対応は「大人気なきもの」であり、「妙心寺派議会の議員三十人は唯一人の前田氏を当の敵と見ての言動なるか」と評されている。

この事件からは、卓越した実務能力をもって教務本所を代表するようになった前田を、議員が強く嫉視していたことがうかがえる。また、『正法輪』には、右のような議会での激しい議論やそれを歯に衣着せぬ文章で批評した記事が掲載されていることから、『正法輪』創刊時に前田が示した「不偏不党」という編集方針が堅持されたことが分かる。

第三議会の主要議題

三日目の二十七日に教務本所から議案が提出されてようやく審議が始まった。本議会の主要な議題として「妙心寺派憲章」の改正が提案されており、議事（議事の職掌については後述）である今川貞山《いまがわていざん》が、「本派憲章改正の大要は、我宗旨を省せしと教務本所を責任組織に変ぜんとの二なり」と趣旨を説明した。

二つの方針のうち、まず前者の「我宗旨を省せし」について考えてみたい。これは「妙心寺派憲章」に示されている妙心寺派の宗旨についての説明を省略するという意味である。「妙心寺派憲章」制定には内務省の認可が必要であったが、政教分離の視点から見れば宗教団体の教義は政府の関与するところではないので、「妙心寺派憲章」に宗旨を載せるのは不適切であるという考え方が根拠になっている。

この方針には、前田の思想が色濃く投影されていると思われる。それは、『隔生即忘《きやくしようそくもう》』に政教関係についての見解が数多く記されているからである。例えば、「又寺院は国家の所有にも非《あら》ず、爾《しか》るに国家これが存亡に干渉す、何等の心得違ぞ、（中略）蓋《けだし》寺院は民人信仰の一塊団なればなり」と、信教自由の観点から人々の信仰の拠点である寺院の存続に国家は干渉すべきでないことを論じている。また、「国家組織の本位に個人あり、社会あり」、「主権の確立する所、弱者と雖《いえど》も軽侮すべからず、主権の確立せざる所は強者必ずしも強ならず」と、個人や団体が主権を確立して国家権力に対峙することの大切さを強調している。前田は宗派の主体性を追求する強い思いを持っていた。

後者の「教務本所を責任組織に変ぜん」は、教務本所の機構改革を打ち出したものである。第三議会以前の教務本所の組織形態については、「妙心寺派憲章」の附則に当たる「妙心寺派教務本所例」において、第一部（法務・教務・学務など）、第二部（寺院興廃分合・僧侶進退など）、会計部の三部を設置することが定められた。事務員構成は議事三名・部員七名であり、議事の職掌は「管長を補弼《ほひつ》し、本派の紀綱を保持し、百般所管の事務に於て執行の責に任ず」となっているので、議事は各部の部長に該当する。つまり、当該期の教務本所には現在の宗務総長に当たる統括責任者が置かれていなかったのである。

宗派の頂点に君臨する管長は、『正法輪』の論説「管長責任論を駁す」の中で、「開山国師の法脈を相承」し、「一派の棟梁として、徳と道とを以てその派内の児孫を風化するを以てその本務」にするとともに「教務一般の措置は（中略）その大綱を攬《すべ》」るという、いわば万世一系の皇統を根拠に統治権を総攬する大日本帝国憲法上の天皇と類似する位置づけで説明される存在であり、基本的に事務問題について関与することはなかった。教務本所は取りまとめ役がいないヤマタノオロチのような組織形態になっており、その改革が課題になったのである。

第三議会の結果

第三議会において、教務本所から統括責任者である執事長の設置が提案されたが、議員たちは否決した。その理由については、『正法輪』の論説「再たび教務本所の責任組織を論ず」で次のように論じられた。

要するに、諸氏は唯執事長を置くの制度と聞きて、未だ深くこれが利害得失を研究するに及ばずして、先《ま》づ一種の感情に制せられ、這般《しゃはん》の組織はある一人の野心非望を満足せしむるの媒介たるに外ならずとの邪推に惑わされて、遂に正当の理由を発見するを喪《うしな》い明しにはあらざりしか

議員たちは、執事長を設置するという教務本所の提案を聞いて、利害得失を深く考えずに一種の感情に囚《とら》われた。それは、「ある一人」の野心非望を満足させるために執事長を置くのではないかとの邪推が生み出したものであり、議員たちは正当な理由を見失ってしまったと述べられている。名指しはされていないが、「ある一人」とは間違いなく前田の

ことである。前田が教務本所の全権を掌握することに対して、議員たちは強烈な警戒感を抱いたのである。

執事長設置議案は否決されたが、「妙心寺派憲章」の改正で議会の隔年開催と全議員の公選が決定されるとともに、十八本の附帯規則が議会の協賛を得て成立しており、明治二十七年（一八九四）六月一日・七月五日に公布された。これらの附帯規則のうちで主要なものについて説明しておきたい。

「妙心寺派教務本所例」では、教務本所を第一部・第二部・興学部・会計部の四部構成とし、教務本所の首班である議事二名・各部の部長である執事四名・部員三名で職員を編成することが定められた。議事は三名から二名に減らされるとともに位置づけが変更されたが、責任者を一元化する組織の構築は果たせなかった。

「妙心寺派議事執事選挙規則」では、二名の議事を本山塔頭から一名、末寺から一名、四名の執事を本山塔頭から一名、末寺から三名を選出するとされた。職員構成における本山と末寺との力関係の均衡が図られたのであり、これも教務本所の意思を統一する妨げとなった。

「妙心寺派教育例」では、従来の大教校→中教校→小教校による学制を変更して、普通教校（普通学林とも称する。山城・美濃の二ヵ所に設置）での五ヵ年の修学と五年以上の専

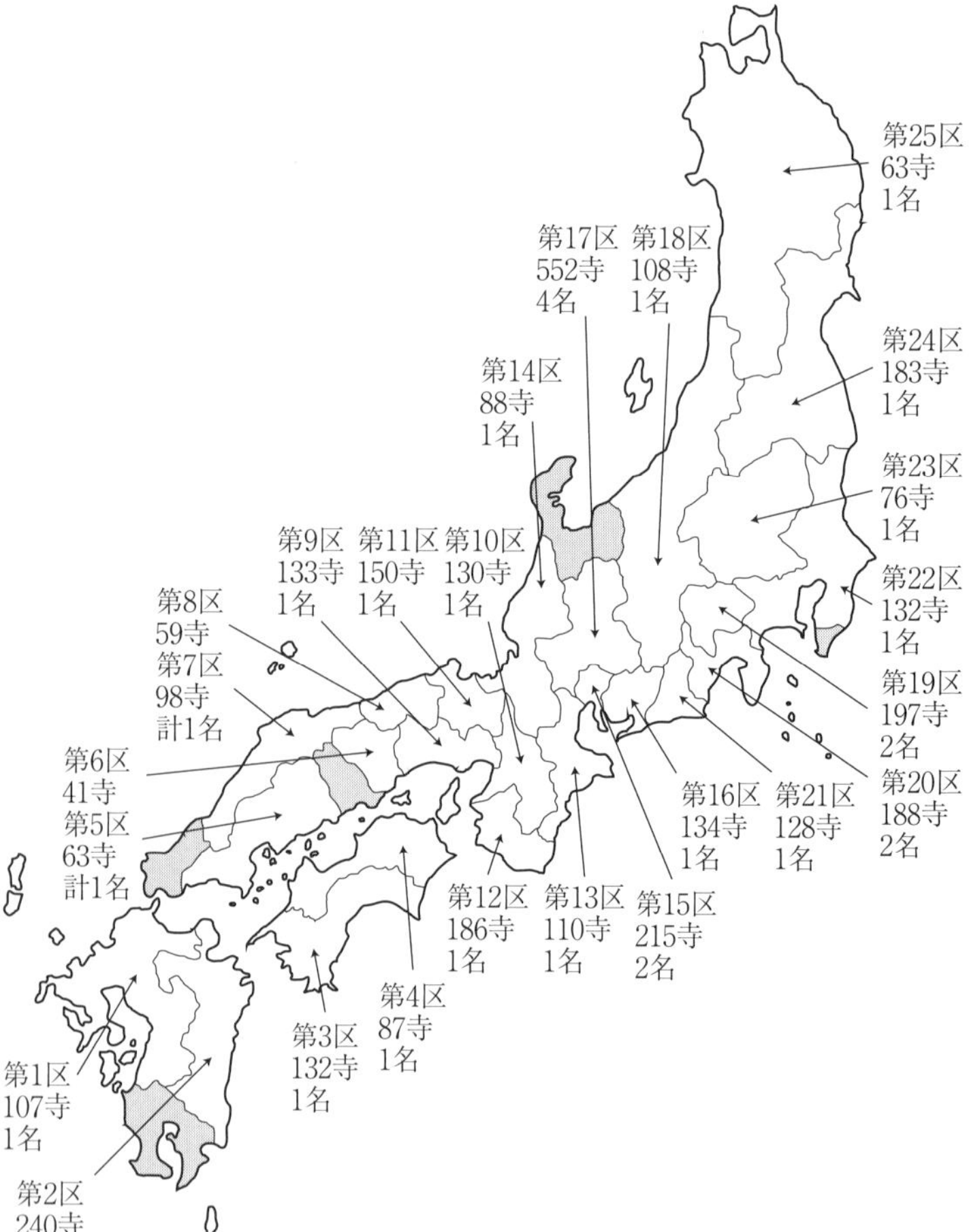

図3　妙心寺派の教区・選挙区と寺数・議員定数（明治27年）

第5区・第6区と第7区・第8区は2教区で1選挙区となっており、議員定数はそれぞれ合計で1名。網掛けの地域は教区になっていない空白区。

門道場掛搭《かとう》を義務づけるとともに、普通教校入学前の教育機関として沙弥校を置くこと、「妙心寺派興学会例」では、管長に直属する教育諮問機関として委員十五名の興学会を組織することが定められた。

「妙心寺派議員選挙例」では、全国二十三区の選挙区（教区は二十五区）から三十名の議員を公選すること（図3参照）、「妙心寺派常置員例」では、三十名の議員から互選で選出された五名が毎年四月に定期会を開くことが規定された。常置員会は、議会閉会中の議決事項について審議を行うための組織であり、会計監査の責任も負っていた。「妙心寺派地方教務所例」では、全国の教区に地方教務所を設置するとともに、教区内の事務を統轄する教務取締を投票で選ぶことが決められた。

第三議会では教育制度を中心に様々な制度改正が行われたが、それらの制度を実際に運用するには監督官庁である内務省から認可を受けなければならなかった。

2　第三議会後の宗派運営と日清戦争

臨時議会の開催と「妙心寺派綱目」の認可

前田は、改正された「妙心寺派憲章」について内務省の認可を請うために、明治二十七年（一八九四）六月に東京へ向かった。同月九日に「妙心寺派憲章」を内務省に提出したが、認可は遅延することになった。

遅延の理由は、明治二十年代に曹洞宗内部で発生した紛争が主たる原因である。曹洞宗では、明治二十五年四月に対立を続けていた永平寺と総持寺の両本山が分離独立することになり、総持寺では貫主の畔上楳仙《あぜがみばいせん》を管長に擁立しようとしたが、永平寺は総持寺の独立が宗制に違反すると主張して譲らなかった。紛争は長期化したが、最終的には政府が介入し、明治二十七年の年末に至り両本山分離が撤回されてようやく解決した。

曹洞宗の紛争処理に手を焼いた内務省は、各宗派の宗制寺法および規則の制定に対し、教団自治に一任する態度を変更して慎重な検討を行う姿勢を取るようになり、策定された宗制寺法の基準に適合するものを認可する方針を示したのである。

前田は二ヵ月以上待たされたが、八月十五日に内務省に召喚され、「妙心寺派憲章」について審査を受けることになった。次の一文は、その様子を伝える『正法輪』の記事である。

前田誠節氏を社寺局へ召喚せられ、各条の説明書に対して更に詳密の口頭演述を徴し、その趣意を書き取り、誠節氏も監督省官吏の意見及び改正を命ぜられし条項の趣意を書き取り、層一層精密に穿鑿《せんさく》せられたれば、右十五日より毎日四時間の長きに亘《わた》りて相互に問答対照し、廿《にじゅう》四日に至りて大略の調査を結完せられたり内務官僚は「妙心寺派憲章」の詳細について質問したが、前田は内務官僚の意見をさらに精密に詮索し、一日四時間、十日間も議論し続けたと記録されている。内務官僚と長時間互角に渡り合ったのであり、前田の実務能力や討論能力の高さがうかがえる。

内務省は「妙心寺派憲章」に認可を出さず、再度の審議を命じたために、九月に臨時議会が開催されることになった。議会は秘密会となり二日間審議が行われたが、「憲章は現任管長主権の下に於て相当の訂正を加えて政府の認可を請い、その上常置員会に示して実施上の意見を聞く」という、教務本所に問題の解決を委ねる決議が出された。

それを受けて、前田は自坊の一室に閉じこもって「妙心寺派憲章」修正案を起草し、十二月に再度上京した。その後、東京において三百日以上を費やして内務官僚と議論を交わしつつ「妙心寺派憲章」の編集訂正作業に従事し、明治二十八年十二月二十七日付で内務省から認可を得たのである。提出された正本と副本の紙数は合計で千九十三枚に及ぶものであり、それを検査した法制局の高等官は、大部であることに一驚するとともに、「全編敢て間然するところなし」と完成度の高さを断言したとされている。

内務省の命令で「妙心寺派憲章」の名称は「妙心寺派綱目」に改められており、明治二十九年二月十二日に発布された。『正法輪』に連載された論説「読妙心寺派綱目」によれば、「妙心寺派綱目」には宗旨についての条文が設けられていることから、その記載を内務省から命じられたと思われるが、教務本所の職制や議事・執事の選出方法については修正は行われなかった。

宗派財政の硬直化と教育関係予算

『正法輪』には教務本所の決算書も掲載されており、宗派の財政状況を把握することができる。ここでは決算書を基に、第三議会の議論が妙心寺派財政に与えた影響について確認しておきたい。

明治二十六年度教務本所会計決算書の内容を一覧表にしたものが**表6**である。収入は、九科目で一万五千百七十七円四十銭三厘四毛、支出は二十八科目で一万五千百三十六円十五銭六厘三毛であり、合計の数字では収支が均衡しているが、各科目の内容を見れば赤字であったことが分かる。

収入の各科目について検討したい。No.4「公債利子」三千百八十二円は公債証書で納められた寺班金の利子である。No.2「寺班利子前年分収納」二千七百二十七円八十三銭二厘六毛・No.3「二十六年度利子」三千七百九十五円九十一銭五厘は、一旦納入した寺班元金を借り出している末寺から支払われた利子だと考えられる。以上の三科目の合計で収入全体の約六十四パーセントに上るのであり、寺班金の運用が収入の大きな柱になっていたことを指摘できる。

　№7「直末冥加料」四千九百四十六円二十銭は法階稟承《ひんしょう》の際の香資であり、収入額全体の約三十三パーセントとなっている。明治二十六年度の段階では賦課金（宗費）の徴収は行われていないが、第三議会において「本派賦課金徴集及収支規程」が制定されたことにより、明治二十七年度から徴収が開始された。

　支出は、№17「利子払」と№18「借入元済」で合計二千五百七十六円六十六銭八厘となっており、支出全体の約十七パーセントを占めている。巨額の借金であるが、借用の理

表6　明治26年度妙心寺派教務本所会計決算報告（単位：円）

収入		
1	11.6928	25年度繰越高
2	2727.8326	寺班利子前年分収納
3	3795.915	26年度利子
4	3182	公債利子
5	103	行鉢鑑札料
6	244.93	毎歳香資
7	4946.2	直末冥加料
8	64	職銭
9	101.833	雑納
計	15177.4034	
支出		
1	838.909	両真前供養及常住賄費
2	971.934	巡化巡教費
3	1400	大教校費
4	1000	中教校補助費
5	200	大法会費
6	700	六祖四派香資
7	300	湯料俵銭
8	1545	一山保存費
9	447.4765	伽藍修繕費
10	731.02	賞典扶助
11	1412	管長以下詰員手当
12	500.7946	臨時派出費
13	41.34	東京出張所費
14	95.648	用紙筆墨
15	198.365	郵便通運
16	1.6	機械新添費
17	876.668	利子払
18	1700	借入元済
19	28.405	常置員会費
20	140	専門道場扶助
21	473.994	臨時費
22	84.679	雑費
23	63.414	各宗協会費
24	230	貸費生
25	60	正法輪扶助
26	0	沖縄県布教費
27	0	北海道布教費
28	1095	震災借入返済
計	15136.1563	

由については詳《つまび》らかではない。№28「震災借入返済」千九十五円は、濃尾地震の際に末寺・檀信徒を救済するために借り入れられた金額の返済分である。それが支出全体の約七％であり、返済金の合計で全体の約二十四％となっている。この段階で妙心寺派財政は硬直化していたのである。

そのような窮乏する財政の中でも、教育関係予算である№３「大教校費」と№４「中教校補助費」の合計で二千四百円が支出された。さらに、明治二十七年度教務本所会計決算書では、新たに「普通学林費」六千三百四十五円十五銭九厘五毛が計上されている。「本派賦課金徴集及収支規程」によって徴収されることになった賦課金は、ほぼ全額が「普通学林費」に充当された。

明治二十七年度決算における支出二万七百二十八円六十一銭九厘四毛の約三十一パーセントを占めた「普通学林費」の設定は、教育関係予算を大幅に増額しなければならないという合意が議会で形成されたことを示している。当時の妙心寺派は人材養成に心を砕いていたのである。

花園法皇五百五十年遠諱の実施

「妙心寺派綱目」が認可された明治二十八年（一八九五）は、妙心寺開基花園法皇五百五十年遠諱《おんき》と日清戦争への対応という大きな問題が重なった年でもあった。まず、花園法皇五百五十年遠諱への取り組みについて考えてみたい。

近代の大遠諱（五十年ごとに行われる祖師・開山・開基などの年忌法要）は、檀信徒が参加するという点で身分制社会である江戸時代のものとは相違する性格を持っていた。例えば、寛政十二年（一八〇〇）七月晦日に京都五山第二位の相国寺で営まれた開山夢窓《むそう》国師四百五十年遠諱では、臨済宗各本山や幕府役人が招待されているが、末寺や檀家に対しては香資の納入を求めるのみであった。花園法皇五百五十年遠諱は妙心寺派にとって明治に入って初めての大遠諱であり、本山と檀信徒との関係性の構築が試みられた。

『正法輪』の論説「大法会《だいほうえ》を利用して本派将来の布教針路を定めよ」では、そのような関係性のあるべき姿が示された。すなわち、「吾が妙心一派の如きは、従来大本山と檀徒・信徒との関係極めて疎遠にして、末寺の檀信徒は、其の檀那寺あることを知て、而《しこう》して未だ大本山あることを知らざるもの、比々《ひひ》皆な然《しか》り」と、妙心寺派における本山と檀信徒との関係の稀薄さを述べており、その理由を妄りに俗世間に接近しない宗旨に求めている。しかし、廃仏毀釈や上知令を経験した明治期の妙心寺派は「特立独行」が必要とされているので、末寺の檀信徒に「大本山維持の責務」の負担を求めなければならないことが論じられたのである。

写真９　妙心寺法堂

　花園法皇五百五十年遠諱は、四月十一日が正当《しょうとう》（忌日）と定められ、檀信徒の妙心寺登山は七日から行われた。七条停車場（現在のＪＲ京都駅）に到着した地方の檀信徒は続々と登山し、宿舎に割り当てられた本山塔頭に入った。大遠諱中の宿泊者は総合計で五千三百四人に達している。法要の初日である八日からは、仏殿の東側に設けられた戒壇で管長の芦匡道が菩薩戒の親授を檀信徒に対して行っており、法要中の受戒者は八千五百五十六人に及んだ。

　戒を授けられた檀信徒は、釈迦から達磨を経て妙心寺開山の関山慧玄《かんざんえげん》へと伝えられた戒脈に加えられ、仏弟子として仏行の実践を求められることになる。そのような有力な教化手段である授戒を、多数の檀信徒が登山する大遠諱において実施することで、檀信徒に対する宗派の求心力を高めることが目指されたのである。また、説教も毎日二座あるいは三座が実施されており、前田は必ず午前中の一席を担当して教化に努めた。

十一日は、午前八時から法堂《はっとう》において半斎法要（当日の法要）が開始されたが、参列した僧侶八百人の席順を確定されるために二時間を要した。管長の芦が香語（導師による法語）を唱え、出頭僧侶の楞厳行道《りょうごんぎょうどう》（『楞厳呪』を読みながら法堂内を巡回する）へと進み、法要が終了したのは午後一時であった。当日の参詣人は六〜七千人を数えたとされている。

花園法皇五百五十年遠諱は、妙心寺派にとって本山の存在を認識した檀信徒を宗派を支える構成員として組み込む機会となった。また、大遠諱を記念して、末寺に対して寺班の昇等・僧階の昇進が勧奨されており、昇等の寺院は四十五ヵ寺、昇進の僧侶は七十七人に及んだ。その際に納入された寺班金や香資は窮迫する宗派財政を補塡したのである。

日清戦争への従軍僧派遣

妙心寺派は日清戦争に対して協力する立場を取り、出征兵士への説教や戦死者の追悼を目的とする従軍僧を派遣した。彼ら従軍僧の活動を日清戦争の経過を追いながら振り返ってみたい。

明治二十七年（一八九四）、朝鮮政府の圧政に苦しんでいた民衆は、民間宗教結社である東学党の下に結集して大規模な反乱を起こし、政府軍を圧倒する勢いを見せた。朝鮮政府は清に来援を要請するが、日本はそれを機会に朝鮮での勢力拡大を企図し、六月二日に出兵を決定した。その後、外国軍の侵入を見た農民軍が解散したために開戦の口実を失った日本は、日清共同の朝鮮内政改革を提案し、それを清が拒否すると日本による単独改革を主張して開戦のきっかけを探った。

日清両国の動きを見たロシアとイギリスが調停に入るが、清が同意しなかったことを奇貨として日本は開戦を決意する。七月二十三日に日本軍は朝鮮の王宮を占領し、朝鮮政府に清との条約破棄を強要するとともに、二十五日に豊島沖《ほうとうおき》海戦で清の増援部隊を破った。八月二日に宣戦布告を行うと（布告の日付は八月一日）、九月十五日の平壌《ピョンヤン》の戦い、十七日の黄海《こうかい》海戦で勝利し、十一月中に旅順《りょじゅん》・大連《だいれん》を占領した。

日清戦争の開戦を受けて、仏教界では浄土真宗本願寺派と浄土宗が戦争支援の姿勢を素早く打ち出し、明治二十七年十一月に従軍布教使を派遣している。十二月に入り、天台宗・真言宗・浄土宗・臨済宗・日蓮宗・浄土真宗（仏光寺派・興正寺派）が共同で広島大本営に従軍請願書を提出し、同月六日に許可を得た。派遣を見送る宗派もあり、最終的に天台宗・真言宗・臨済宗が従軍僧と慰問使を派遣することになった。臨済宗では妙心寺派から従軍僧に原円応《はらえんのう》、慰問使に坂上宗詮《さかがみそうせん》・丸山元魯《まるやまげんろ》・日吉全識《ひよしぜんしき》が任命されたのである。

日清戦争に対しての妙心寺派の姿勢は、従軍僧の派遣が終了した明治二十八年六月に、前田が各地で行った「僧侶従軍の主意」という演説で端的に語られている。まず前田は、各宗派の自費を以て間接的に布教に従事させる慰問使と、直接軍に随従する従軍僧の派遣を広島大本営に願い出て、最終的にすべての渡航僧侶が従軍僧として認められた経緯を述べたうえで、管長芦匡道からの訓示の要旨として以下の三点を掲げた。

すなわち、第一点は軍人に対して布教すること、第二点は戦地で死亡した軍人軍属の葬儀を実施すること、第三点は占領地人民を教化することである。第一点に関しては、「万国無比」に「忠勇義烈」である帝国軍人の士気を鼓舞して唯一の死を決意させるのは、安心立命の途を講じる僧侶の本分なのであり、徒食の存在であると批評を蒙る我々が国家に対して果たしうる義務であると説明された。第二点については、死者に対して一片の回向《えこう》をなし追福を修することで、生命を塵芥よりも軽んじて帝国連隊旗の下に斃《たお》れることを名誉とする決心を促すべきであると論じられた。そして、第三点を踏まえて「これより我仏教は、朝鮮・支那《シナ》は勿論、印度《インド》・暹羅《シャム》・西蔵《チベット》を征服し、欧米各国に、仏陀の光輝を遍布せしめざるべからず、宜しく考慮を要すべきことである」と訓示はまとめられている。

明治二十七年十二月十六日に、以上のような訓示を受けた従軍僧・慰問使の四名は戦地に向けて妙心寺を出発した。妙心寺南北の門前では、家ごとに国旗と提灯を出して祝意を表し、巡路の両側には見物人の山が築かれた。

戦地での様子

明治二十七年（一八九四）十二月十八日に広島に着いた四名は、従軍僧の原と慰問使の三名に分かれて宇品《うじな》から船に乗り込み、原は明治二十八年一月一日に、慰問使の三名は一月六日に大連に到着した。再び合流した四名は、十六日に旅順において天台・真言・臨済三宗合同で営まれた皇軍戦死者追弔の大法要に参加している。

日清戦争における日本軍の編成は、朝鮮半島南部から陸路で北上して平壌の戦いに勝利し、鴨緑江《おうりよっこう》を渡河した第一軍（第三師団《名古屋》・第五師団《広島》で構成）と、遼東《りょうとう》半島に海路で侵攻して旅順港を攻略した第二軍（第一師団《東京》・第二師団《仙台》・第六師団《熊本》で構成）に分かれていた。一月下旬の段階で、第一軍は占領していた海城《かいじょう》において清軍と戦闘を繰り広げており、第二軍は清軍北洋艦隊が立て籠もる威海衛《いかいえい》攻撃のために山東半島に向かっていた（図4参照）。

原は一月二十日に第二軍第六師団の従軍を許可され、二十八日に威海衛南岸諸砲台の東

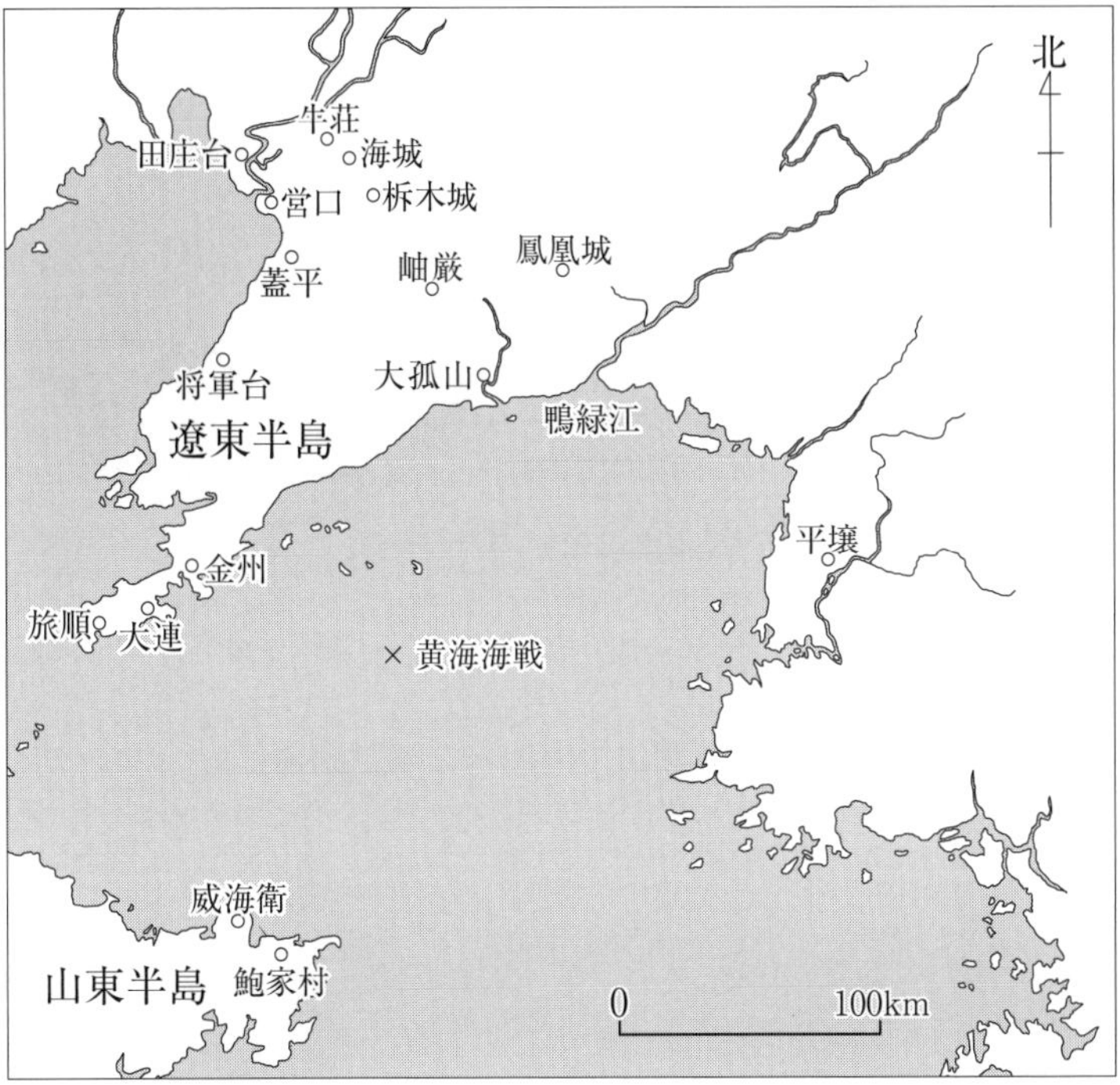

図４　日清戦争関係図

方に位置する鮑家村に到着した。三十日に南岸諸砲台への第二軍による攻撃が行われており、鮑家村の西端に出て待機していた原のところには清軍の三十センチ砲の弾丸が着弾して破裂し、雷鳴のごとき音を響かせた。

午後に入り砲台が攻略され、翌三十一日には戦死者の遺体が担架で運ばれてきたので原は葬儀を営んだが、遺体は「首もなく手足もなく惨酷なること目も当られぬ有様」

写真10　日吉全識

であったという。

一方、慰問使三名のうちの日吉・坂上は、二月二日に金州《きんしゅう》を出発し、将軍台《しょうぐんだい》・蓋平《がいへい》を通過して、二十二日に海城の第一軍第三師団本部に到着した。前日に清軍による四回目の海城攻撃があり、海城に接近していた日吉・坂上は戦闘中の日本軍と清軍を目撃していた。二十七日には、慰問使であった日吉・坂上が従軍僧として認められ、日吉が第五師団附、坂上が第三師団附を命じられた（丸山は第二軍第一師団附従軍僧となった）。

二月二十八日に、第三師団は海城を取り囲む清軍を撃退するために出撃する。風雪の中で両軍は激しい戦闘を展開し、清軍は多数の死者を出して退却した。翌三月一日に、日吉ら従軍僧は海城の野戦病院に運ばれた遺体を火葬し、葬儀を執行したが、「即死者は胸部・頭部若くは腰部を打ち抜かれたる者多し、これを見る者欷歔《ききょ》せざるなし」と、遺体の損傷のひどさに衝撃を受けて全員がすすり泣いたとされている。

三月上旬の第一軍による営口《えいこう》・田庄台《でんしょうだい》・牛荘《ぎゅうそう》方面の攻略以降は、日吉は鴨緑江北岸地域の防衛に当たる第五師団の慰問を行うことになり、析木城《せきぼくじょう》・岫巌《しゅうがん》・大孤山《たいこざん》を巡回した。

四月十五日に鳳凰城《ほうおうじょう》に到着した日吉は、五月一日まで滞在して説法を繰り返した。その間のことを振り返った日吉は、軍人に対して「一死君国のために尽くす赤心とその労とを感謝し、且つ内地に於て　両陛下の御宵旰《しょうかん》のこと、及び国民の敵愾心《てきがいしん》勃興し、深く軍人の労を思うこと」を説けば、彼らは天皇からの恩と国民の誠心に感激して暗涙を浮かべたと述べている。

四月十七日に下関講和条約が締結され、三国干渉・遼東半島還付を挟んで五月八日に講和条約批准書の交換が行われたことにより、役割を終えた従軍僧は日本に帰ることになった。妙心寺派従軍僧の四名は五月下旬から六月上旬に相次いで帰国している。

以上のように、従軍僧たちは酷寒期の遼東半島・山東半島の各所を回り、寒さと疲労に耐えながら軍人への説法と戦死者の追悼を行った。彼らは戦場の悲惨さを目の当たりにしたが、仏教者本来の立場を離れて、あくまで任務である軍人の戦意昂揚に努めた。それは管長の芦から求められたことであり、彼らは妙心寺派の意思を背負っていたのである。前田を中心に推進されてきた妙心寺派の自治は、国策に協力することを前提に成り立っていたものであり、天皇制国家による宗教支配の中で大きな限界を抱えていたといえる。

3　第四議会と宗派内外における前田の活動

新体制の成立と第四議会の開催

明治二十八年（一八九五）十一月二日、管長芦匡道が遷化した。四日に津送式《しんそう》（葬儀）が営まれており、式場は大遠諱と同様の荘厳《しょうごん》が施され、各宗派管長や高級官吏など数千人が参列した。十一月十七日に候補者十名から後任管長を選出する選挙の実施が教務本所から通達され、翌明治二十九年二月十日に前管長の関無学が当選している。

二月十二日には「妙心寺派綱目」発布式が行われ、それに伴って新規則の下で議事・執事・議会議員・教務取締の選挙が行われることになった。先述したとおり、議事二名は本山塔頭から一名、地方から一名を選出することになっており、二月十五日に通達された地方選出議事候補者三名の中に前田の名が挙げられた。議事選挙の結果は、本山選出議事に釈《しゃく》等顧《とうこ》、地方選出議事に純正投票数千六百七十一票のうち約八十九パーセントの千四百九十四票という圧倒的な得票を得て前田が当選した。そして、管長以下、新たな体制の下での第四議会が十月二十六日に開かれたのである。

議会初日は、まず正副議長が選出され、続いて予算委員の選出に移ろうとするや否や、議員日吉全識より質問が出された。すなわち、議員天沢文雅《あまさわぶんが》は妙心寺派東京出張所執事を務めており、本所職員と議員の兼務を禁じた議員選挙例に違反するので議員資格がないと主張するものであった。議員の過半数は日吉の見解に賛同し、天沢は議長から退場を命じられた。第三議会に続いて、審議冒頭から議員資格をめぐる質問が飛び出す波瀾の幕開けは、その後の展開を暗示するものであった。

二日目は、午前九時を過ぎても審議が開始されなかった。理由は出席者が定数に満たなかったためであり、正午に至り休会となった。

三日目の開会時に管長の関は宣示（管長が示達する文書）を下しており、「単に和敬の宗盟を悉了《しつりよう》するの外、亦《また》他に顧念を労するものなき」はずの議員が仏教者の本分を誤っているので、それぞれが「和衷協同」することを求めた。『正法輪』の議事録には、

蓋《けだ》し開会以来の光景を看るに、議場の大勢は隠然関東・関西の両派に分れ（中には二三中立者あるも）、稍《やや》不穏の状況を呈露したるもの、この宣示を煩わし奉《たてまつ》るに至りたる原因なるべし

と論じられており、議員は関東派と関西派の二派に分かれて対立の様相を呈していたのである。関の宣示によっても事態は収拾せず、議長が開会を宣言するや動議が相次いだ。初日に提起された議員資格問題に対しての議長の処置を問題視する議員から議長不信任動議

が出され、賛否両論で激しい議論となり、「各員激昂、意気頗《すこぶ》る激し、あわや如何なる結局に至らんかと危みたりしが」という状況になるが、関が停会の宣示を下したことで審議が打ち切られた。四日目の午後二時からようやく正常化し、「明治三十年・三十一年教務本所歳計総予算案」と六本の議案の第一読《どっかい》会に入り、大体が承認された。

なお、妙心寺派議会は審議の進め方として読会制を採用していた。読会制とは、帝国議会を模範とするものであり、①議案全体の質疑応答→②逐条審議→③議案全体の可否決定という流れで、三回の読会を行う制度である。

「妙心寺派義財徴集例案」の提出

五日目に前田が施政方針演説を行った。主要な部分を以下に引用する。

派内の事業は布教・々育及び一般事務の三者に出でず、布教には一般教化・巡教使派遣・管長親化の三あるも、何分その実効思わしからず、（中略）布教にも緩と急とあり、今回提出の議案第八号北海道布教・拓殖の如き、沖縄布教の如き、その急の急なるものなり、（中略）苟《いやしく》も一派の体面を保たんと欲せばこの位の事は決行せざるべからず、（中略）教育も布教も財力の後援なくんば能《あた》わず、故に今回第八号議案を提出したり、これ将来本派教学の根本を作るものなり妙心寺派の事業は教育・布教・一般事務に大別される。布教には一般教化（末寺住職が檀信徒に対して行う教化）・巡教使派遣（本山から派遣された巡教使による教化）・管長親化（管長自身が地方に赴いて行う教化）の三種類があるが、いずれも実効性が思わしくない。布教には緩と急があることを弁《わきま》える必要がある。今回提出した第八号議案の目的である北海道での布教と拓殖、沖縄での布教は急の急たるものであり、いやしくも一派の体裁を保とうと思えばこの程度のことは決行しなければならない。教育も布教も財政的裏付けが欠かせないので第八号議案を提出したと前田は主張したのである。

今議会の目玉とされた第八号議案「妙心寺派義財徴集例案」は、教育・布教活動の財源となる義財を徴収する規則であり、具体的な内容は次のようなものであった。すなわち、義財は第一種と第二種に分かれており、第一種は檀徒戸数一戸につき毎月二銭以上、第二種は所有不動産の地価百円につき毎年二十銭以上の負担を末寺に求めるとされていた。使途は以下の四点である。

① 北海道への布教基盤となる寺院の創設と特別巡教使の派出
② 寺院・寺有財産被害への補助
③ 檀徒罹災者への救恤
④ 普通学林敷地買収・建物新築

②・③は、明治二十四年（一八九一）に発生した濃尾地震のような災害に備えるためのものである。④で普通学林建設費も挙げられているが、それは校舎の設備が不充分であるとともに、その所在地が卑湿で飲料水が粗悪であることなどの諸弊害があったためである。急務であった新校舎建設のために第七号議案「妙心寺派普通学林建築起功例案」も提出されており、工期五ヵ年、敷地四千坪が計画されていた。

さらに、義財の負担については、いかなる理由があっても金額の変更や逋脱《ほだつ》（不正に賦課から逃れること）を認めないこと、この規定に違反し、かつ管長の訓戒に従わない者は、奪階（現在の法階を奪う）・剝職《はくしょく》（住職を罷免する）・擯斥《ひんせき》（宗派から追放する）の厳罰に処すことが記されていた。

施政方針演説と「妙心寺派義財徴集例案」の厳罰規定には、先述した「妙心寺派住職試験章程」や『問題略解』の内容からうかがえた目的達成のためには手段を選ばない前田の強引さが表れている。果たして、「妙心寺派義財徴集例案」の審議では、議員からの厳しい意見が出されることになった。

「妙心寺派義財徴集例案」の審議

六日目に「妙心寺派義財徴集例案」の審議が開始された。二人目の質問者である大分県選出の議員岐津宗柏《ぎづそうはく》は、議案に対して反対論を唱えた。

本員は本案の大美挙たるを疑わず、されどこれを決行するに就ては選挙区の実況も顧みざるべからず、我が第二選挙区の如き寺数二百四十に及ぶと雖《いえど》も、等内地は僅《わずか》に百二、三ヶ寺に過ぎず、その中にても伽藍の維持に窮せざるも幾何《いくばく》かある、また檀信徒の如きも多く形式的にして、かかる賦課金を課せんが恐らく離檀せん

岐津は、議案の実行には選挙区の状況も考えるべきであって、自身の第二選挙区は末寺数二百四十ヵ寺のうち等内地は百二、三ヵ寺に過ぎず、それらの寺院も伽藍の維持に苦労していること、檀信徒も形式的に葬式と法事をしているだけなので、このような賦課金を負担させれば離檀してしまうことを訴えた。この日は岐津を含めて五名の議員が質問に立ったが、いずれも否定的な見解を示している。それに対して前田は逐一反論したが、大勢は動かず、「妙心寺派義財徴集例案」は賛成者七名で否決された。しかし、管長の関が再議を命じたことにより、議案は審査特別委員会に付託された。

七日目に一日の会期延長が行われ、八日目に「妙心寺派義財徴集例案」の審査特別委員長報告が行われた。その内容は、北海道その他布教費五千円、檀信徒救恤費五千円、学林新築費三万円と修正し、その費用は寺班利納金の半額に当たる金額を向こう五年間徴収することで賄うとするものであった。また、北海道拓殖事業については、派債十万円を起債

して実施する議案が提出された。審議の結果、「妙心寺派義財徴集例案」修正案は成立したが、「北海道布教開墾派債方法案」については賛成者が一名足りずに否決された。

議会後に開始された義財の徴収は円滑には進まなかったようであり、『正法輪』の論説「本派諸大徳に呈する書」では、その事情が述べられている。すなわち、「意外の怪聞を耳にせんとは、曰く、某々地方には、特別義財を以て負担に堪えずとなし、これを数ヶ年延期せんがために、同志を募りて請願せんと運動するものありと」とされており、義財を納入できない地方で数ヵ年の延期を勝ち取るために請願運動が起きたという風聞が流れていた。

議会は、大幅な修正を加えつつも「妙心寺派義財徴集例案」を認めたのであり、その使途の中心になっていた普通学林校舎建設費の必要性は宗派内で認識されていたものと思われる。しかしながら、実際に義財を徴収する段階で反対する勢力が見られたことからは、岐津が訴えた経済的な困難が地方の末寺に広がっていたことを示している。宗派を支える末寺の困窮は、この後の妙心寺派運営に大きな影を落とすことになるのである。

第四議会後の宗派内における前田の活動

第四議会後も、前田は活発な活動を続けた。明治二十九年（一八九六）七月五日付で普通学林の総監に任じられ、同三十年四月二日には興学会会長に就任している。教育活動でも前田は重責を担うことになったのであるが、その動きの背景には明治二十八年五月三十日に発令された内務省訓令第九号の存在があったと考えられる。

内務省は、この訓令の中で「現今教師中無学悖徳《はいとく》にしてその任に適せざるもの尠《すく》なからずと聞く」と教師の資質が落ちていることを指弾し、普通教育について尋常中学科（十二歳から十七歳まで就学）以上の学力を求める教師検定基準の設置を仏教各宗派に求めた。この場合の教師とは、明治十七年太政官布達第十九号で各宗派に管理が委任された教導職の後身にあたる資格のことを指している。妙心寺派では、訓令に対応するため「妙心寺派綱目」の附帯規則として「教師検定例」を定め、普通学林第二年級程度の学力を測る検定を実施することになった。

前田は、明治二十九年七月に行われた美濃普通学林の学年試業進級証書授与式に普通学林総監として出席し、次のような演説を行っている。すなわち「試《こころみ》に考課表を一見せよ、一、二を除きては辛うじて合格点に達したる者多くして、謂わば十分に学力発達してらくに及第したりと認むるもの些《すくな》きに非ずや、（中略）今や不良なる結果を出したる、抑《そもそ》も誰が罪ぞ、深く省察せざるべからず」と、学林全体の成績不良について学生たちを叱責したのである。前田が、内務省訓令第九号を受けて教育活動の監督に強い問題意識を抱いていたことがうかがえる。

明治三十年（一八九七）十二月には、前田は妙心寺四派四本庵の一つである龍泉庵の兼務住職に推挙された。先述したとおり、前田は東海庵の開祖である悟渓宗頓《ごけいそうとん》の法孫（法の継承者）であり、龍泉庵住職に就くには差し支えがあったのでとりあえず兼務住職になったが、明治三十二年六月二十二日に龍泉派からの懇願によって正住職に昇進している。さらに、明治三十一年三月十五日に妙心寺五百六十九世住職となった。この場合の住職とは、宗派の長である管長職とは別であり、視篆開堂式《してんかいどうしき》（開山関山慧玄の法を継承したことを確認する儀式）の挙行を経て法階が当時の最高位である再住に達したことを示すものであるが、いずれにせよ、前田はまさに妙心寺派の中枢を占めることになったのである。

このような立場になっても、前田は自分の目で物事を確認した。明治三十一年八月に、北海道の布教状況を視察するため現地に赴いたのである。

八月五日に京都を出発した前田は、八日に青森、九日に函館、十日午前四時に室蘭に到着した。これ以降の行程は**図5**に示したが、午前六時に汽船で西紋鼈《もんべつ》村へ向い、午前八時に上陸、洞爺湖《とうやこ》畔を通って十一日に弁辺《べんべ》村の北海寺に着いた。北海寺は北海道における妙心寺派の拠点となる末寺であり、十二日に住職の金子《かねこ》原教《げんきょう》と檀徒に前田自ら賞典を授与している。

さらに洞爺湖畔を北上して真狩《まつかり》村に行き、新寺である井雪寺の建設地と仮布教場などを視察した。十七日に室蘭へ戻り、十九日に小樽へ移動して布教場を訪問、二十日に生振《おやふる》村（現石狩市）、二十一日に一已《いちゃん》村（現深川市）の布教場を見分した。二十二日に帰途について、二十九日にようやく京都に帰着している。

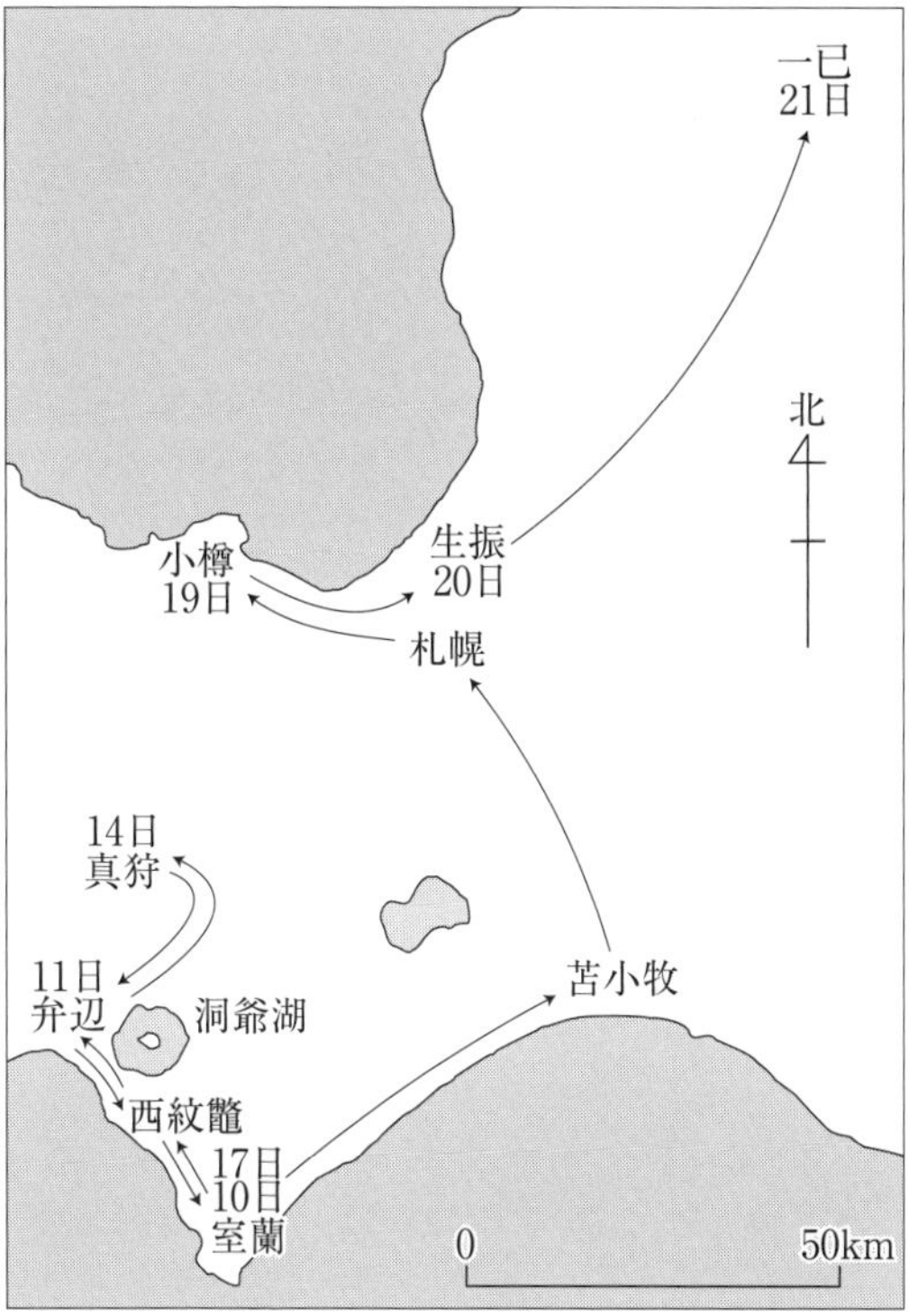

図５　前田誠節北海道視察図の経路（明治31年8月）

妙心寺派は、この段階で室蘭周辺と小樽・石狩・深川に寺院と布教場を設けていた。第四議会で決定された北海道布教の最前線になるこれらの寺院と布教場を、前田は約一ヵ月をかけて見て回ったのである。前田の徹底した現場主義が理解できる。

仏教各宗協会と四箇格言事件

濃尾地震の際に、前田は各宗派の宗政家とともに対応に当たったことを先述したが、宗派内での立場が向上するに従って、宗派を代表する役職に就任することも増えていった。そのような前田の宗派外における活動のうち、仏教各宗協会で果たした役割について論じてみたい。

仏教各宗協会とは、明治二十三年（一八九〇）に結成された各宗派管長および執事を構成員とする団体である。明治二十三年は、大日本帝国憲法が施行されて第一回の帝国議会が実施された年であり、僧侶に対する徴兵や衆議院議員の被選挙権が認められていなかったことなどへの危機意識が各宗派に存在していたので、協力して諸課題に取り組む体制が成立したのである。前田は、明治二十五年六月に開催された定期大会に管長代理として初参加した。明治二十六年・同二十七年・同二十九年の定期大会にも出席し、二十九年には副議長に選出されている。

仏教各宗協会は、発足した明治二十三年から宗派間の偏見を脱して共通の仏教理解を示すために、仏教各宗派の教義と歴史を集成した『仏教各宗綱要』の編纂を開始しており、各宗派から原稿の提出を求めたが、日蓮宗妙満寺派の原稿に日蓮の四箇格言「念仏無間、禅天魔、真言亡国、律国賊」が入っていたことから問題が発生した。編集委員は他宗派を誹謗中傷するものとして削除を求めたが、妙満寺派は一切譲らず東京地方裁判所に訴訟を提起するとともに、東京各所において演説会を開いて運動を開始したのである。

明治二十九年十一月に、四箇格言事件の対応のために臨時大会が開催された。前田は、事前の準備会議で次のような発言をしている。

日蓮聖人が四個格言を唱えて排立の旗を揚げ来りたること既に七百年に及べども、この格言あるがために各宗派は毫釐《ごうり》も損傷を受けしことなし、特に我臨済宗の如きは常に日蓮の勇決を称し、禅天魔と謂わるるも却って宗門向上の大事を称賛するの類として、敢て些少《さしょう》も顧慮すべき価値なしとせり、然《しか》れども各宗協会は然らず、協会は自ら協会の本分あり、（中略）四個格言は協同上に害ありと認めば速に編纂員の意見を是認し、これを除去すべきなり

日蓮が四箇格言を唱えて他宗派の折伏《しゃくぶく》を始めてからすでに七百年近くが経過するが、この格言によって各宗派が損害を受けたことなど全くない。特に我が臨済宗は日蓮の勇敢さを賞賛してきたのであり、「禅天魔」の文言も仏の境涯を超えてゆく禅宗の精神を賞賛したものだと解釈すべきであって、懸念することなど何もない。しかし、各宗協会として協同上の害があると認められたならば四箇格言を除去すべきと前田は主張したのである。

前田の発言に準備会議の出席者は賛同し、四箇格言の除去を求めることになった。臨時大会には各宗委員四十三名が出席し、前田は議長に選出されている。四箇格言の除去は即決された。

寺院法案をめぐる政府との交渉

明治三十年（一八九七）六月三日、仏教各宗協会定期大会が建仁寺において開催された。各宗派から二十七名の議員が参加し、議長に天台宗妙法院門主の村田《むらた》寂順《じゃくじゅん》、副議長に前田が選出された。この大会で主要な議題となったのは、政府が制定を予定していた寺院法への対応であった。

明治二十九年四月二十七日に公布された民法の第二十八条では、「民法中法人に関する規定は、当分の内神社、寺院、祠宇及び仏堂にはこれを適用せず」、すなわち、民法の法人に関する規定は当分の間寺院などに適用しないとされており、民法の特別法として寺院に関する法律を制定する予定であることが謳《うた》われていた。また、明治二十二年二月公布の衆議院議員選挙法第十二条には、「神官及び諸宗の僧侶、又は教師は被選人たるを得ず」とあり、僧侶に被選挙権は認められていなかった。僧侶が議員として寺院法立法に関与することができないために、政府当局者に対して寺院の希望を直接働きかけることが目指されたのである。

寺院法の編纂は仏教界全体に関係する問題であることから、仏教各宗協会加盟宗派以外の宗派にも議論への参加を呼びかけることになった。定期大会はひとまず中止となり、六月五日から三十七名の出席者による各宗派会議が開催され、内務省による寺院法案の編製以前に各宗派の寺院制度を共同で調査することが提案されたが、委員数と予算をめぐって前田と曹洞宗の弘津説三《ひろつせつさん》との間で意見が対立することになった。

前田の案は各宗派から一人ずつの委員を出して予算を六千円、弘津の案は委員八名を選出して予算を千四百円とするものであり、両者の間では予算額に約四倍の開きがあった。議論は紛糾し、「某宗委員の如きは、自説にして容《い》れられずんば退会せんとまで明言」する事態になったが、種々苦心の調整が行われ、編纂委員を各宗派から十九名選出することなどの修正が加えられて寺院制度調査案は承認された。前田は京都の臨済宗・黄檗宗八派を代表して編纂委員になるとともに、政府との交渉委員に選ばれている。

明治三十年七月三日に前田ら交渉委員が内務省に出頭すると、社寺局長久米金弥《くめきんや》から寺院法案はいまだ編纂に着手していないとの回答があった。それを受けて、前田・弘津と真言宗土宜法龍《どぎほうりゅう》・浄土真宗本願寺派藤島了穏《ふじしまりようおん》・同大谷派中山理賢《なかやまりけん》によって「寺制案」（各宗派会議による寺院法草案）が起草されており、各宗派代表六十余名が参加した会議の承認を得て八月十六日に内務省へ提出された。また、「寺制案」呈出委員に任じられた前田ら五名は、内務大臣樺山資紀《かばやますけのり》・内務次官中村元雄《なかむらもとお》などを訪ねて「寺制案」を寺院法案として採用することを働きかけている。

明治三十一年に寺院法案は帝国議会に提出が予定されていたが、宗教法なくして寺院法のみを発布することは支障があるとの意見が法制局から出たために、次期帝国議会に先送りとなった。

同年七月に行われた仏教各宗協会定期大会では、前田が議長に選出され、四箇格言事件について妙満寺派の原稿を修正した上で『仏教各宗綱要』に掲載することを決定した。また、退会する宗派が相次いだために、前田の提案で仏教各宗協会を発展的に解散し、それに代わる機関として各宗集議所を創設することも議決された。

以上のように、宗派内外で前田は急速に力をつけていた。それは彼の優れた実務能力のなせる業ではあったが、突出する前田の行動に対して、派内の僧侶たちは更なる警戒を強めたのである。

4　第五議会の不成立

普通学林における風紀の乱れ

前田は、教務本所議事や仏教各宗協会議長の業務などで多忙を極めていたが、精力的に普通学林総監の任務を遂行し続けた。明治三十年（一八九七）十二月の山城普通学林閉校式（終了式）に出席した前田は、学生に次のような訓諭をしている。

特に学徒諸子に一言すべきことあり、毎々各地方を巡回して諸子の師僧に面会したるが、師僧の云わるるには、近頃は学林も漸次整頓し、従うて学業の進歩も著しきは大に喜ぶ所なるが、唯学徒より多額の送金を乞わるるには困る、（中略）諸子にして斯《か》く程まで辛苦せらる師僧の脛《すね》を嚙《かじ》りても自分の快楽を求めたくは、予はその根性の卑劣なるを慨歎せざるを得ず

各地方を巡回すると、学生から多額の送金を乞われることに困惑する師僧らの意見を聞くことがある。師僧らが辛苦のうえで確保した学資で自らの快楽を求める学生たちの根性は卑劣であり、慨歎せざるを得ないと前田は述べている。第四議会で多額の費用を要する普通学林校舎新築が決定し、教育の充実が図られる一方で、学生生活において風紀の乱れが見られたことは、前田に大きな責任を感じさせたのである。

さらに明治三十一年三月には、美濃普通学林の学生による「仏教信者の善行を妨害して警官の手を煩」わすなどの非行が発生したことに対して、前田は長文の告諭書をもって学

生を厳しく叱っている。この問題は、前年の明治三十年三月に起きた次の事件を伏線とするものであった。すなわち、山城普通学林と美濃普通学林の学生それぞれ三名を互いに交換する形式で転校させたところ、山城普通学林から転校した学生が強い不満を抱くとともに、美濃普通学林の学生一同が山城普通学林への転校を興学会会長に嘆願したのである。これは、美濃普通学林が山城普通学林に比べて劣っているという感情が原因であった。五月に入り、美濃普通学林の全学生五十二名が突然病気と称して集団休校し、前田に対して美濃普通学林と山城普通学林の合併を求める嘆願書を提出した。教職員は学生の説得に努めたが、学生はそれに応じず粗暴な振る舞いをしたうえで学林から遁走したため、三名が退学処分となっている。

財政状況が窮迫していた妙心寺派において普通学林二校を維持することは困難であった。校舎の新築も山城普通学林のみとなり、両校の間で生じた教育環境の格差が、美濃普通学林における学生の非行につながったものと考えられる。

明治三十一年四月二十三日に山城普通学林新校舎の起工式が行われ、十月に事務室・教場・寄宿舎などが竣工して京都府建築技手の検査を受けた。また、同年九月二十六日に「妙心寺派普通学林通則」・「妙心寺派普通学林予備門概則」が定められ、妙心寺派教育制度が大きく改変されている。山城一校となった普通学林に高等部二年・尋常部四年の課程が設置され、美濃普通学林は普通学林入学希望者に対しての教育機関である普通学林予備門となった。

第五議会の召集

「妙心寺派綱目」の規程により、教務本所議事・執事は二年ごとに半数が改選されることになった。明治三十一年二月十五日に議事・執事候補者が布告され、議事候補者には前田・坂上宗詮《さかがみそうせん》・玉林祖音《ぎょくりんそおん》の三名が挙げられた。三月三十一日に開票され、前田が純正投票数千二百六十票のうち約七十八パーセントの九百八十六票を得て議事に再選されている。

十月に議会議員の半数を改選する選挙ならびに補欠選挙が行われ、十一月二十一日に第五議会が召集されることになったが、その数日前から京都市中に議員がチラホラと見かけられた。特に有志義会に加盟していた議員は、開会三日前から市内で会合を持ち集議を凝らすという目立つ行動を取っていた。有志義会とは、『正法輪』の論説「役員たる者の反省を促す」の中で次のように説明されている団体である。

> 仄《ほのか》に聞く、本派某地方には、有志会なるものありて、本派宗務上の事項を研究すと、予輩《よはい》その為法為派《いほういは》の精神を諒とせずんばあらず、然《しか》ると雖《いえど》も、有志会は有志会のみ、本派綱目上には、未だ存在の権なきものなり、（中略）然るに有志会の議を以て、議

会の決議を動かさんことを勧告するものあらば、孰《いず》れかその愚を笑わざらんや

有志義会は、派内某地方において組織されている任意の団体であり、議会決議の変更を求めて活動していたと述べられている。第四議会においても、関東派と関西派との軋轢《あつれき》のために初日から三日まで審議が空転したが、党派対立の構図は第五議会に持ち越されていたのである。

議会初日の二十一日午前八時、妙心寺大方丈に出頭した議員に対して前田が挨拶を行うとともに、教務本所が作成した議案が配布されたが、そこには彼らの目を一際引く号外第二号議案「議員資格調査の件」があった。議案を読んだ議員の中には血相が変わった者も見受けられた。さらに教務本所受付に議員日吉全識が現れ、管長関無学宛の「上申書」を提出した。「上申書」には、大方丈に出頭しなかった十二名の議員による連署があり、自分たちは「議員選挙例」第六条第九項に違反しており議員資格がないことを「発見」したので、出席を取りやめて管長の命令を待つ旨が記されていた。「議員選挙例」第六条第九項とは、賦課金・特別義財・毎歳香資の納付について、納期を過ぎて未納の者は議員資格を認めないとするものであった。九月に選出された議員十八名のうち十五名は三種の上納金のいずれかを未納としており、明確に議員資格を欠いていたのである。

教務本所は、議長欠席のため副議長の菊池《きくち》清隠《せいいん》に特別議案を送付し、議会を穏便に成立

させるために協議の実施を求めた。しかし、菊池は何らの返答を行わず、「上申書」を提出した日吉ら十二名も待命して議会に出席しないことを明言したので、午後二時頃に教務本所は開会を一日延期する旨の通知を発した。それに対して菊池は管長の関に「具伸書」を呈し、「教務本所は専断を以て日限延期の報告をなせるは、本派議会例及び議会を無視したる不合法の措置たること明かなり」と教務本所の判断を厳しく批判した。

『正法輪』の議事録には「前掲の具申書は副議長の名義を以てせるも実は有志義会の意見を代表せるに過ぎず」と記されており、菊池は有志義会に属する議員であったことが分かる。有志義会は、後述する二十四日夕刻の書面に連署した十名で構成されており、その所属は静岡県・山梨県・東京都など東日本の教区が過半数を占めていた。

第五議会の閉場

二日目の二十二日も、「上申書」提出の議員十二名は待命して動くことなく、空しく午前の時間は過ぎていった。午後に至り、教務本所はさらに一日の開会延期通知を出すとともに、十二名に対して「上申書」の内容について再考を求める書面を送った。十二名は議会に出席して資格審査の結果を待つ意向を示したが、有志義会は教務本所に対しての攻撃的姿勢を止めなかった。副議長の菊池は、開会延期の通知を「甚だ疑訝《ぎが》に堪えざる次第」

とする「御伺書」を差し出し、さらに教務本所職員の列席を要求して深夜に至るまで質問を続けた。

三日目の二十三日に至り、教務本所は号外第二号議案を撤回した。しかし、有志義会は議案撤回ならば議場において相当の手続を経るべきであると主張して抵抗し、さらに翌二十四日に、十二名の待命が発生した理由について回答を求める書面を教務本所に提出した。この書面は言質を取って論戦を有利に進めるために作成されたものであり、教務本所は直接に回答することを避けている。教務本所は議会の開会を菊池に何度も求めたが、そのつど菊池は書面についての回答がない限りは開会に応じられないと答えており、ついに夕刻を迎えた。有志義会は、待命議員十二名の議員資格を確定させなければ議場に立つことはできないとする十名の連署による書面と、三日間にわたり為す術なく議会を停会させた教務本所の責任を追及する副議長名の伺書という矛盾する二通の文書を差し出して徹底抗戦の構えを見せたのである。

二十五日になり、前田は菊池を教務本所に召喚して関の「慈旨」を伝達した。「慈旨」は、菊池らが取った態度の非を指摘して反省を求めるものであったが、それに対して菊池は副議長職の辞表とこれ以降の職務を放棄する届書を提出することで応えた。この日の正午過ぎに議会は開会されたが、出席者は七名のみであり、有志義会は関による「慈旨」の内容が「要領を得」ないとする理由で欠席した。また、岐津宗柏ら十二名も「本日都合これあり」とする届書を出して議場に現れなかった。

岐津ら十二名は、袋小路に入り込んだ教務本所と有志義会との対立を中立的な立場で調停するために欠席したのであり、二十六日に岐津・大崎文渓《おおさきぶんけい》・広月魏《こうげつぎ》翁《おう》の三名が中立派を代表して有志義会と交渉を開始した。しかし有志義会は、教務本所職員に引責辞任を求めることなどを要求する難題をぶつけたために、岐津らは調停を断念している。

そして二十七日午後四時、教務本所の召喚により全議員が議場に集められ、関の宣示が読み渡されたのである。

本職の薄徳菲福《ひふく》なる、本派統理の任務を負荷し、卿等の献替に依倚《いい》し、その成を期望すること久し、而《しか》るに憂苦交々《こもごも》、孤懐を切迫する所以《ゆえん》のもの、一に何れに存する、平常に祖庭の真風を扶持宣揚し、大に微笑塔下《みしょうとうか》の海恩に奉酬せんと欲するのみ、卿等それこれを籌慮《ちゅうりょ》せざるか

自分は徳が薄い人間であるが、妙心寺派を統轄する任務を背負っているのであり、あなたがたの補佐に頼って責任を果たすことを長らく希望していた。しかし、憂いや苦しみが入れ替わり立ち替わり現れ、寂しさが自分に迫ってくる。その理由が一体どこにあると思っているのか。自分は達磨の教えを広め、開山関山慧《かんざんえ》玄《げん》の海より深い恩に報いることを

欲するのみである。あなたがたはそのことを顧慮してくれないのか。この宣示からは、議会での教務本所と議員との対立を悲嘆する関の気持ちが滲み出ている。
宣示の朗読が終わり、第五議会は関の命令で閉場となった。

第五議会不成立の理由

関の宣示を受けて、十一月二十八日に教務本所職員一同は辞表を提出した。その後一同は自坊で謹慎していたが、十二月七日に至り、関の宣示によって議事であった前田と釈は臨時議事署弁に、執事三名は臨時執事署弁に任じられた。

十二月三十日、以前から病臥にあった関が危篤となり、翌三十一日に遷化した。享年八十歳であった。『正法輪』の論説「追悼樹王大禅師」では、「猊下《げいか》の病臥せらるるや、談本派に及べば、必ず党派的紛擾の在職中に起りたるを以て念とせられ、憂宗《ゆうしゅう》為法《いほう》の慈慮眉《び》宇《う》の間に顕われ、聞く者をして思わずも襟を沾《うる》わしめたり」と、病中において妙心寺派のことに話が及べば、関は必ず党派対立が在職中に起きてしまったことに自責の念を示したと述べられている。高齢であった関にとって、第五議会の紛擾は身に堪《こた》えるものであり、病の悪化は心労が原因であったのではないだろうか。関の津葬《しんそう》式は明治三十二年（一八九九）三月五日に行われ、参列者は百二十名に上った。

津葬式後の三月から七月にかけて、『正法輪』に第五議会不成立の事情を述べた論説が相次いで掲載された。有志義会の天沢文雅は、「該会期を流過せしめしものは、中正会・円成会と名乗りし十二名の自首待命者なり」、「彼れ等は会期二、三日前に登山し、本所員の意向を伺い、本所より開会冒頭に資格問題を提出するを探知し（或いは結託か）自首待命せり」と、中正会・円成会を称していた「上申書」提出の議員十二名が、号外第二号議案が提出されることを議会開会の二、三日前に知ったために待命したと述べている。また、「信陽B、O、生」を名乗る長野県在住の匿名者は、「この資格問題を担ぎ出し、議員に一大打撃を与え、余息喘々《よそくぜいぜい》たる間に於て安安と諸難案を通過せしめ、天晴大技倆《あっぱれだいぎりょう》を試みんとしたるも亦《また》知るべからず」と、教務本所が議員資格問題を持ち出したのは、議員に打撃を与えて懸案となっていた諸議案の議会通過を狙ったためだと論じた。

「上申書」提出の議員十二名のうち六名は、岐阜県と愛知県尾張地方選出の議員であった。この二つの地域は、第一章で説明した妙心寺四派四本庵のうち東海庵を拠点とする東海派が勢力を広げており、東海派の派祖である悟渓宗頓《ごけいそうとん》の法を嗣いでいた前田は、両地域を自らの支持基盤としていた。そのような事情から、十二名の議員は前田の意向を忖度《そんたく》して行動したものと推測される。前田は、自らの方針に敵対する有志義会を牽制するために号外第二号議案を提出したのであるが、十二名が待命を申し出るとともに、有志義会が激しく抵抗したために、目論見が外れて収拾が付かない事態を招いたということが事の真相ではなかったのだろうか。

『正法輪』に「見聞録」という第五議会についての論評が掲載されており、「如何に前田議事が気に喰わぬにもせよ、苟《いやしく》も管長猊下の慈旨を伝えられたるに対し、公然「要領を得ず」などと書類を以て反問するは不穏なるべし」と述べられている。教務本所で絶大な権限を振るう前田に対しての反感が有志義会の結束を固めさせたといえる。

しかし、そもそも第五議会が紛糾した根本的な原因は、議員を務める立場の僧侶が住職をする寺院においても宗派への上納金が納付できなかったことにある。『正法輪』の記事によれば、明治三十一年度までの寺班利子・特別義財・賦課金・毎歳香資などの未納金合計は二万五百七十一円六十三銭四厘五毛であった。これは、明治三十一年度教務本所決算歳入額の二万七百七十五円八十四銭七厘とほぼ同額であり、上納金の未納は宗派の歳入に匹敵する額にまで達していたのである。末寺の困窮の度合いがうかがえる。

図6は、各教区における一ヵ寺あたりの未納額を示したものであるが、東北や関東甲信越の教区で多くの未納額を出していることが見て取れる。当該期の妙心寺派は経済的な理由での宗派の分断が生じやすい状況にあった。

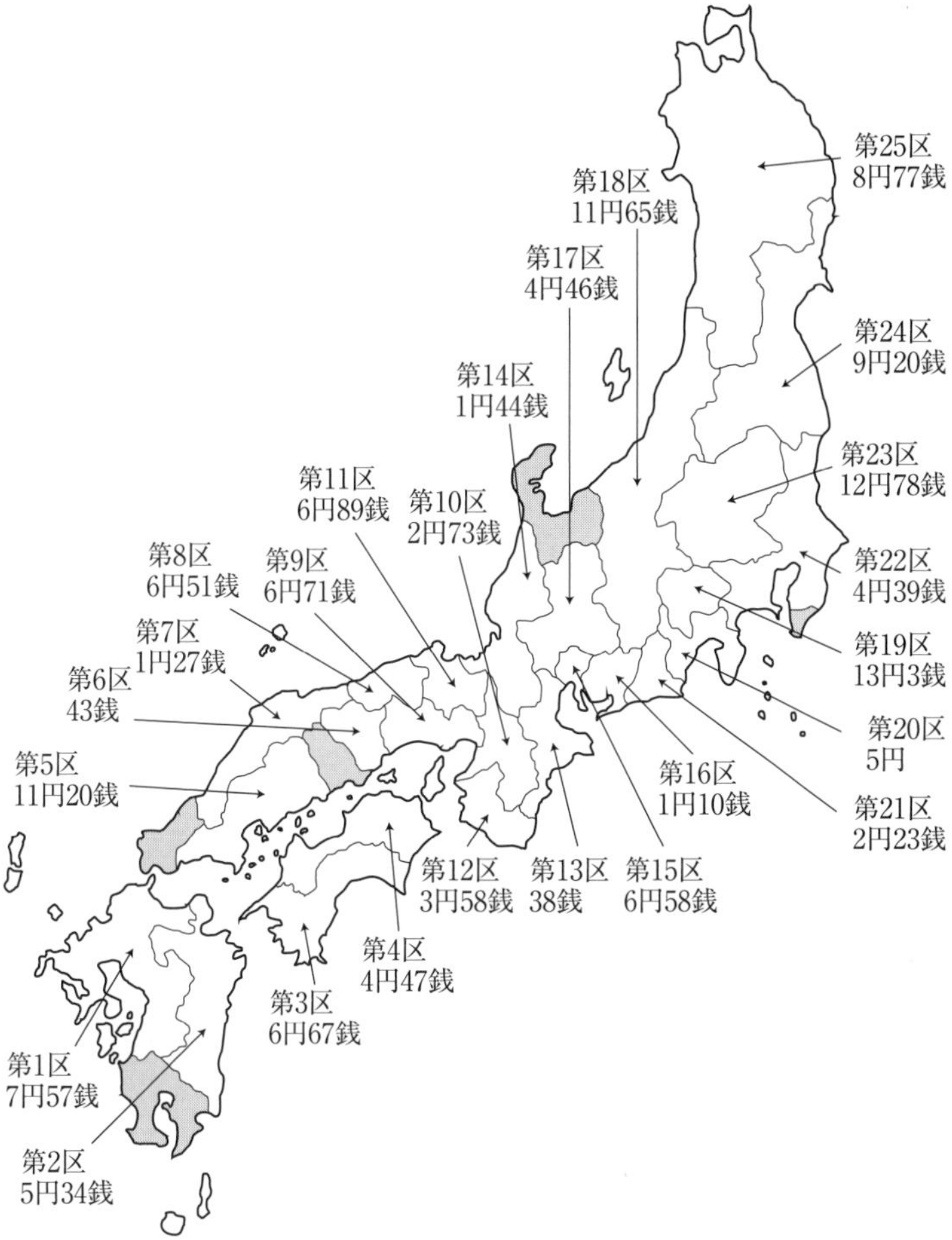

図6　各教区一ヵ寺あたりの上納金未納額（明治31年度）
網掛け地域は教区になっていない空白区。

管長と教務本所職員の改選

関無学の後任管長選挙は、明治三十二年（一八九九）二月八日に候補者五名が告示されたことで開始されており、五月六日に妙心寺の天授僧堂師家である小林宗補《こばやしそうほ》が当選した。小林は管長就任にあたって、「殊に故無学禅師遺訓、昭々乎《しょうしょうこ》として日の如し、宗補不肖なりと雖《いえど》も、一にこれに準じ、漸次処理して遺憾なからしめんとす」と、関が残した遺訓に従って職責を果たす趣旨の宣示を出した。関の遺訓とは、遷化の三日前である十二月二十八日に記された自筆の文章であり、津葬式の前日に妙心寺大方丈で前田によって読み上げられた。

関は、「僅《わず》かに薬餌《やくじ》に依り蒲柳《ほりゅう》の形骸を保ち、肺腑《はいふ》の呼吸を存するのみ」の病状の中で次のように書き残している。

熟々《つらつら》国家を看よ、内憂外患相駆逐し、第二の維新睫眉《しょうび》の際に切迫せり、（中略）然《しか》るに多くは機根小劣にして、全く大信を欠《か》き、正法を弘宣し大事を究明するうえに於て、予が常にこれを信じ、これを行ずるの一半に（ママ）だも及ばざる者些《すく》なしとせず、（中略）国家今や真実唱導の師を求むること太《はなは》だ急なり、（中略）予が本派に規定する所の教学進取の策に対し、神を沃《そそ》ぎ意を精し、日夜焦煎する所以《ゆえん》のもの、唯此《かく》の如き一段の件あるに依る現状の国家は内憂外患の第二維新ともいうべき状況にある。しかしながら、妙心寺派には、機根が劣って信心を欠いているため、正しい仏法を広めて自身とは何かを悟るために自分が実践していることの半分も行っていない者が少なからず存在する。国家は真の説法ができる僧侶を切実に求めている。自分が妙心寺派における教学進取の施策に対して精神を労しながら日夜焦慮した理由は、以上のような問題があったからだ。この遺訓は、明治の国家と妙心寺派の将来を憂慮した関が、最後の力を振り絞って発した警告といえる。

管長選挙に引き続き、六月十五日に教務本所職員選挙が告示された。本山選出議事候補者三名のうちには前田の名も挙げられており、八月二十五日に行われた開票の結果、前田は当選したが、獲得票は純正投票数六百八十三票のうち約四十五パーセントの三百四票と従来のような圧倒的支持を得ることはできなかった。第五議会における紛擾の結果、前田の支持基盤には亀裂が入り始めたのである。

選挙結果について、開票翌月の『正法輪』に掲載された論説「教務本所職員選挙の結果に就て」で、「妙心寺派の天下は幾《ほとほ》と全く二分せられたり、一を旧職員派とし、他を有志義会派と為す、而《しこう》して選挙の結果に就て観れば、殆《ほとん》ど両派折半せり」と論じられたが、まさに妙心寺派の分断と対立は選挙を経てさらに激しさを増したのである。

第3章

前田誠節の失脚と妙心寺派の危機

1　宗教法案と仏骨奉迎

臨時各宗管長会議と仏教法案

明治三十一年（一八九八）の帝国議会で寺院法制定の動きがあり、宗教法が成立していない状況で寺院法の立法を行うのは問題であるとの指摘が法制局からなされたために審議が見送られたことは前章で述べたが、この議論を受けて内務省は宗教法案の作成を開始した。それに対して仏教教団側は、明治三十二年六月に開催された臨時各宗管長会議で宗教法案についての協議を行っている。先の「寺制案」起草に引き続いて行われた宗教法案への対応の中で前田誠節が果たした役割について論じてみたい。

この時期に臨時各宗管長会議が開かれた理由は、目前に迫った内地雑居について議論するためであった。内地雑居とは、日清戦争の開戦直前である明治二十七年七月十六日に調印された日英通商航海条約によって、領事裁判権の撤廃と引き換えに外国人に対して認められた日本国内における居住・旅行・営業などの制限の廃止を指している。日英通商航海条約と同様の条約は他の欧米諸国とも調印され、明治三十二年七月に発効を迎えることになっていた。その結果としてキリスト教の勢力拡大が予想されたために、政府としてはキ

写真11　西郷従道

リスト教も含めた宗教を統制する法律を制定することが急務となった。仏教教団側としても速やかに対策を準備する必要が生じたのである。

臨時各宗管長会議は、十三宗四十一派の管長・執事など六十四名が出席し、議長に浄土真宗大谷派法主である大谷光瑩《おおたにこうえい》、副議長に前田が選出された。秘密会で実施された会議の結果、再び仏教法案を起草して内務省に提出することになった。会議を代表して浄土真宗本願寺派・同大谷派・天台宗・真言宗・臨済宗妙心寺派・曹洞宗・日蓮宗の七宗派管長と委員各一名が東上することになり、妙心寺派の委員として前田が選ばれている。

東京において開かれた会議で、作成中の宗教法案の内容について開示するよう内務大臣に申請することが決められた。七月六日に七宗派管長総代の本願寺派大谷光尊《おおたにこうそん》と曹洞宗森《もり》田悟由《たごゆう》が申請書を携えて内務省に出頭すると、内務大臣の西郷従道《さいごうつぐみち》は宗教法案に対して何らかの意見があれば遠慮なく申し出るようにと回答した。しかし、西郷は立場を翻《ひるがえ》し、三十一日に七宗派管長を召集して、政府は信教の自由をして秩序安寧を妨害し、臣民たるの義務に背くこと勿《なか》らしむることを期せざるべからず、（中略）各管長に於ては左《(右カ)》の趣意を了知せられ、門末及び檀信徒をして宗教の異同に依り相反目するが如きこと勿らしむるは勿論、政教の区域を錯綜し、苟《いやしく》も軽佻《けいちょう》の挙動これ無き様注意せられたく

と、内務省としては大日本帝国憲法第二十八条の「日本臣民は安寧秩序を妨げず、及び臣民たるの義務に背かざる限りに於て信教の自由を有す」という条文に基づいて取り締まりを行わざるを得ないので、末寺や檀信徒がキリスト教に対抗心を抱くことを防止するのは勿論、政府の施策に反対するような政教の区別を誤った浅はかな挙動を僧侶が行わないように注意せよと訓示したのである。

西郷の訓示は各宗管長会議の動きを牽制するものであったが、七宗派管長は運動継続の方針を変えず、八月七日に社寺局長の斯波淳六郎《しばじゅんろくろう》に対して七宗派委員は起草した仏教法案の説明を行った。このときの法案は四十六ヵ条で構成されており、仏教四十一宗派を国家によって公設された宗教団体として位置づけるとともに、管長の待遇を勅令で定めること、聯合管長会を組織して政府の諮詢に答えることなど、特別の待遇と保護を各宗派に与えることを定義するものであった。

七宗派委員はその後も内務省との交渉に努めたが、十二月八日に実施された宗教法案の

事前内見で彼らの期待は打ち砕かれることになった。

宗教法案の提出

全五十三ヵ条の宗教法案は、各宗管長会議の希望とはかけ離れた内容であり、仏教各宗派に対しての統制色が強いものであった。内見の翌日である十二月九日に宗教法案は貴族院に提出されており、その理由については総理大臣の山県有朋《やまがたありとも》が自ら説明に当たった。

信教の自由は憲法の保証する所でありまするが故に、（中略）国家は信仰の内部に立入って干渉せざることは勿論のことであります。（中略）併《しか》しながらその外部に現るる所の行為に附きましては、例えて申しますれば、寺院教会の設立、又は信徒の結集、その他教規宗制等、総てその外部に現るる所の形に至りましては、国家はこれを監督して社会の秩序安寧を妨げず、又臣民の義務に背かないように致すと申すことは、これ国家の義務であるのみならず、又その職責に属するものと存じます

山県は、内面の信仰についての自由は憲法の条規に従って保証するが、寺院や教会の設立・信徒の集会・教規や宗制など、外面に現れる宗教活動については取り締まることが国家の責務であると論じている。明治十年代に発生した伊勢派と出雲派による祭神紛争に困惑した政府が、神道は祭祀であって宗教ではないとする解釈を示して政教分離を成立させ

たことに見られたように、宗教の内容を形式的に切り分けて統制の方便とすることは国家が用いる常套手段である。

仏教各宗派は宗教法案に対して猛烈に反発した。提出翌月号の『正法輪』は宗教法案反対一色の内容であり、仏教側から見た法案の欠点を徹底的に指弾している。主要な論点は次の二点である。

第一は、本山の権限を認めていない点である。第三条では本尊の安置・教法の宣布・法儀の修行・僧侶の止住を寺院の要件としており、結果として本山と末寺が独立対等の関係と定義されている。第五条では寺院を統轄する宗教団体を宗派としているが、宗派と本山の関係が示されていないうえに、宗派は法人になれないと定められている。第三十条では、教規・宗制と勅令で定められた事項についての紛争は、政府において組織した宗教委員会で裁決することが規定されており、管長の権限を奪うものになっている。

写真12　山県有朋

第二は、教会（キリスト教のものを想定）に比べて寺院の方が多くの制約を課せられている点である。第二条では教会は社団法人・財団法人になり得るとされているが、第三条で寺院に認められているのは財団法人のみであり、格差が設けられている。第十六条から第二十七条にかけて、寺院には参助役を置くこと、寺院は民法法人の理事に関わる規定に従うこと、寺院が解散した場合の宝物処分は勅令に定める方法によることなど種々の規制が定められているが、教会についてはこのような制約が設けられていない。

十二月十二日に仏教三十六宗派の委員が東京に召集され、法案への絶対反対を決議した。さらに、七宗派委員を始めとする十数名の委員が法案への対応を協議し、「宗派統持を保持する事」・「本末関係を明かにする事」・「仏教と外教との取扱を別つ事」の三ヵ条に基づいた法案の修正を政府に求めることになった。しかし、宗派を公法人とすること、新宗教に制限を加えることの二点は断じて認めないとする見解を示した政府は、七宗派委員との協議でも本質的な部分の修正には応じなかった。それに対して仏教各宗派・各種仏教団体は、法主大谷光瑩自らが「従来各宗の提携一致せる前説を固持して一歩も譲らざるべし」と訓示した浄土真宗大谷派を中心に、全国的な宗教法案反対運動を展開した。明治三十三年（一九〇〇）一月二十一日には東京で全国仏教徒大会を開催し、「今回の宗教法案は諸宗教派を同一に取扱い、宗派を公法人とせず、本末制度を明記せざるが故に、全国仏教徒は全然反対する事」とする決議を採択している。

妙心寺会議と宗教法案の否決

政府との交渉に当たっていた前田を始めとする七宗派委員は、二月五日から七日までの三日間、今後の対応を協議するために前田の自坊である妙心寺龍泉庵で各宗派会議を開催した。

会議に参加したのは各宗派の管長・委員二十五名であり、前田が初日の午後から一時間余りを費やして交渉の顛末について報告を行った。その内容は、法案提出後に政府や議員に対して数十回の折衝を行ったが、希望が叶えられる状況にはないので、「全々反対運動の方針を採るべきか、又他に適当の手段あるか」を出席者に諮問するものであった。前田は、『隔生即忘《きやくしようそくもう》』の中で議員との交渉を回想して、

反対の理由を条陳して貴衆両院の各議員に提示し、否決せられんことを誘告しけるに、各議員が宗教に対する冷淡の度は幾《ほと》んど零落なるに驚くべく、偶《たま》に勧告を容《い》るるや、添ゆるに黄白の多寡を以てし、贈賄の物なければ一顧せずと云る或陋漢《あるろうかん》も頗《すこぶ》る在りき、深く感じ、且歎惋《たんわん》せり

と、議員の宗教に対する態度は極めて冷淡であり、法案反対の要請に応じるか否かは贈賄する金額の多寡によって決まったと歎いている。七宗派委員の交渉は行き詰まっていた。

前田による報告の後で、法案絶対反対の動議が出され、大多数の委員が賛成して決議された。しかし、二日目から出席した浄土真宗本願寺派委員の赤松連城《あかまつれんじょう》が決議に異議を唱えたために前田と押し問答になっている。本願寺派は、政府からの牽制を受けて妥協したと噂されていた。赤松は政府との協議に応じる旨の修正を決議に加えることを要求したが、決議が固持されたために退席した。

最終日の三日目に、政府に対しての宣言書と陳情書が原案通り承認された。会期中の議場の様子について、『正法輪』の記事は次のように描写している。

議場内外の光景を見るに、南門には巡査一名立番し、龍泉庵には数名の平服巡査入り込み、入り替り立ち替りその筋へ注進する模様にて、政府の警戒到て厳重なりし

妙心寺の南門に巡査が一名立番し、龍泉庵には私服巡査が入り込んで議論の内容をそのつど報告していたとされている。仏教各宗派の動きに政府は神経をとがらせていた。

帝国議会における宗教法案の審議は二月十七日に貴族院において開始され、教規・宗制に本山と末寺の関係を記載することなど、大幅な修正を加えた全四十八条の新たな法案が提出された。法案の修正に際して宗教関係者から送付された無数の書面を斟酌《しんしゃく》したのかとの質問に対して、起草者の松岡康毅《まつおかやすたけ》は各宗管長総代の書面については参照して修正を加えたと答弁している。多くの議員から法案の矛盾点について指摘があり、採決の結果、賛成

百名、反対百二十一名で法案は否決された。

シャムからの仏骨分与

全国的な反対運動を背景に宗教法案を否決に追い込んだ仏教各宗派にとって、この時期には共同で取り組むべきもう一つの大きな課題が生じていた。それは、シャム（現在のタイ）からの仏骨（釈迦の遺骨）奉迎である。前田は、この問題に仏教各宗派を代表して深く関与したことにより、宗政家としての自らの運命を変えることになったが、その経緯については第三節で論じたい。ここでは、まず仏骨の発見と奉迎のいきさつについて述べていく。

写真13　仏骨の壺と刻文
刻文の邦訳は、「薄伽梵仏陀の遺骨を蔵するこの聖龕は、釈迦族、即大聖（名声高き人）の兄弟姉妹、その児子、妻室等の所有に属す」とされている。

明治三十一年（一八九八）一月、イギリス人のウィリアム・ペッペが当時イギリス領であったインド北部の遺跡から蠟石製の壺などを発見した。壺の蓋には**写真13**のような古代文字の刻文があり、釈迦の

写真 14　シャム国王チュラーロンコーン

遺骨であると判断された。発見者であるペッペから仏骨を寄贈されたイギリス政府は、当時唯一の独立仏教国であったシャムに仏骨を贈呈した。

シャム国王チュラーロンコーンは、セイロン（現在のスリランカ）・ビルマ（現在のミャンマー）・ロシアの求めに応じて仏骨を分与しており、そのような動きを見た駐シャム初代公使の稲垣満次郎《いながきまんじろう》は明治三十三年（一九〇〇）一月に日本への分与を外務大臣テーワウォンに懇請した。稲垣は、ベストセラーとなった『東方策』などを著したアジア問題の論客であり、明治二十七年に個人の立場でシャムを訪れてテーワウォンと会談し、日暹《にっしゃ》通商条約締結の内諾を得て、政府に対して建白書を提出した人物である。

そのような稲垣の活動を認めた第二次松方正義《まつかたまさよし》内閣は、明治三十年にシャム公使館を開設するにあたり、民間人である稲垣を公使に抜擢した。稲垣は自らが苦心して育てたシャムとの外交関係を強化するために、仏骨分与に着目したのである。

稲垣の懇請を受けたテーワウォンは、次のことを前提に国王が仏骨分与を承認したことを伝えた。

右聖物は国家より国家に対する贈物にして、特に或《ある》宗派に贈る者にこれ無く、実にこれを以て両国親交上一致の紐帯たらん事

仏骨は国家から国家への贈り物であり、特定の宗派に贈るものではなく、この事業をもって日本とシャムの国交を盛んにする契機にしたいと国王は条件を提示した。二月に入り、稲垣は各宗派管長宛に書簡を送り、仏骨奉迎の委員派遣を要請している。

稲垣の書簡に対応して、四月十八日に仏骨奉迎の方法を検討するための各宗派会議が妙心寺龍泉庵で開かれた。宗教法案反対運動から離脱した本願寺派からも代表者が出席し、議長には前田が選出された。三日間の会議で、真言宗・臨済宗・曹洞宗・浄土宗・日蓮宗・浄土真宗本願寺派・同大谷派の七宗派から各一名の奉迎使を選出し、互選で一名の正使を置くこと、奉迎使派遣費用として一万円の予算を計上することなどが決定されたのである。

さらに、六月五日に龍泉庵で開かれた各宗派管長会議では、仏骨奉迎のための組織として日本大菩提会の設立が提案された。この提案に対しては、本願寺派が原案に対して強硬に異論を唱えて反対するが、それ以外の宗派による賛成多数で原案は成立し、本願寺派は退席している。決議された「日本大菩提会々則」では、仏骨奉安のための覚王殿を建設す

ること、それに伴う教育および慈善事業を行うことなどが事業目的として定められた。覚王殿は、建坪が約五千八百坪、敷地が十万坪以上で、経費は一千万円が予定されたのである。

奉迎使の派遣

シャムへ向かう奉迎使の人員は、浄土宗・真言宗・日蓮宗が派遣を辞退したために、前田と浄土真宗本願寺派藤島了穏《ふじしまりようおん》・曹洞宗日置黙仙《ひおきもくせん》・浄土真宗大谷派大谷光演《おおたにこうえん》の四名が選出され、大谷が正使になった。随行者は、サンスクリット語の研究で著名な南条文雄《なんじようぶんゆう》など十三名であり、総勢十七名が五月二十三日に神戸を出港した。その後の奉迎使の足取りは、前田の随行員であった上村観光《うえむらかんこう》が『正法輪』に連載した「前田奉迎使渡航日誌」と題する紀行文からたどってみたい。

五月二十四日、船は門司港に入り、一行は上陸して宿舎で疲れを癒やした。上陸の前後に有志者による二十一発の花火が打ち上げられ、海岸にはおよそ五百名の見物人が集まったとされている。二十六日に門司を出発した船は南シナ海を疾走した。三十一日に香港着、六月六日にシンガポール着、十二日に目的地であるバンコクに到着した。

十四日の午後に、奉迎使は国王チュラーロンコーンに謁見するため王城に向かった。謁見所に現れた国王は、「日本仏教徒が海外仏教徒を熟知し、一層交際を親密にしたる後は、日本仏教の益々、隆盛に赴くことは、朕の最も切望する所なり」と、仏骨分与を契機として日本の仏教が興隆することを願う発言をしている。

六月十五日に仏骨の授受があった。式場において文部大臣から手渡された仏骨の入った金塔は、式典の終了後に各奉迎使により桐箱の中に収められ、奉迎使が式場を退出する際には前田が捧持した。さらに十八日には、国王が奉迎使の四名を晩餐に招待し、仏像二体を下賜している。十九日に一行はバンコクを離れ、シンガポール・香港に立ち寄り、七月十一日に長崎着、十九日に京都に帰着した。

京都に戻った奉迎使は、京都市民から大いなる歓迎を受けた。その様子は『正法輪』の記事で次のように記録されている。

> 列車七条駅に着するや、百一発の煙火早くもこれを報じ、早天より拝観のため停車場付近に待合せたる数万の拝観者は潮の如く押し寄せたり、（中略）御遺形を納めたる唐櫃を、常任委員土屋《つちや》観山《かんざん》、後藤禅提《ごとうぜんてい》の二氏にて舁《か》き、大谷、前田、日置の三使及び暹羅《シャム》公使・各宗管長・僧侶・信徒等順次に随行し、（中略）停車場を出で烏丸通を北へ進行して大谷派本願寺に入る、これを合図に大仏の洪鐘を始めとし、京都市内の寺院悉皆《しつかい》梵鐘を撞き鳴らしたれば、段々轟々《ごうごう》として獅子の吼《ほ》ゆるが如し

停車場（京都駅）に列車が着くと百一発の花火が上がり、早朝から集まっていた数万の拝観者が潮のごとく押し寄せた。仏骨を中心に奉迎使・稲垣・各宗管長らが行列を組み、烏丸通を北上して東本願寺に入ると、それを合図に「大仏の洪鐘」（東山方広寺の鐘か）を始めとして京都市内の全寺院の鐘が突き鳴らされ、それは獅子が吼えるような勢いであったと描写されている。

仏骨奉迎は当時の仏教界や京都の社会における一大イベントであった。そして、宗教法案への対応に続き、仏骨奉迎においても中心的な立場で役割を果たした前田は、当時の仏教界を代表する人物へと上り詰めたのである。

新聞紙上での前田への非難

明治三十三年（一九〇〇）の後半に入り、新聞紙上に奉迎使を非難する記事が掲載されるようになった。仏教新聞である『教学報知』（現在の『中外日報』の前身）は、九月二十五日付の紙面で「新教田に汚足を印す」と題する次のような記事を掲載した。

果然前田誠節奉迎使は、入暹《にっしゃ》紀行を世に公にせられ、奉迎使一行の洋食に飽満し、某の日に本国の料理を喫し候は、異域の海にありては甚だ珍味なりとて、汁（鯨・牛房）・皿（黒鯛・青唐辛）・向附（鶏肉・寒天）の献立を記し、仏骨奉迎に伴う一大名誉

の如くに吹聴せられ候

と、前田が発表した仏骨奉迎の紀行文の中で、魚肉を用いた料理を食する機会があったことを一大名誉のように伝える文章が掲載されていたことを論じた。続いて、九月二十七日付紙面の「奉迎使一行の失態」では、

苟《いやしく》も日本仏教の代表者たるべき高僧と称せらるる分際を以て、居常あやしげなる浴衣を着し、細帯の侭、寝台に横わりて、殆《ほと》んど危きまでに脚部を露出して恥じず

と、奉迎使が宿泊の際に不謹慎な様子で浴衣を着ていたことを暴露し、十月五日付紙面の「前田誠節を排斥せよ」では、「独り誠節に至っては、言語同断（道）なる不埒を恣《ほしいまま》にし、傍若無人の乱行を逞《たくまし》うしたるは、一行の挙げて認むる所なるべし」と、以上のような猥りな振る舞いを前田が率先して行っていたと厳しく非難したのである。

魚肉を食した件については、前田の随行員であった上村が、『正法輪』に寄稿した「余が草せし奉迎日記に就て」と題する文章で反論を行った。すなわち、『正法輪』誌上に奉迎日誌を発表したのは前田ではなく上村自身であったことを確認したうえで、奉迎使一行へ供された魚肉を用いた日本料理の献立を奉迎日誌に記載したが、そのような瑣末なことが「法道に違背し、国家と法門のため害毒を与え候もの」とまで糾弾されることなのかと論じている。さらに、献立の件をきっかけに、この問題に関する『教学報知』の論調が過

激になり、「白昼公けに彼の風紀を紊《みだ》り、恣に彼の国俗を傷けて恥じず、酒気満面、貴族の門前に叱せられ」など、奉迎使を侮辱するような記事が掲載されたことについて、「一種の狂的頭脳を以て解するに非《あら》ずんば、通常の常識を以て解釈し難き滑稽的文字を羅列し」と、強い言葉で否定している。

今となっては記事の実否を確認する術はないが、おそらくは上村の主張通り前田を始めとする奉迎使への中傷であったと思われる。一般紙である『京都日日新聞』にも自身を誹謗する記事を掲載された前田は、京都地方裁判所に訴訟を起しており、京都市長内貴甚三《ないきじんざぶ》郎《ろう》らによる調停の結果、明治三十四年十月十一日付『京都日出新聞』・『京都日日新聞』に記事取消広告が出された。京都日日新聞社が前田を誹謗した理由は、社長の中安信三郎《なかやすしんざぶろう》と記者の梶田盛が日本大菩提会から若干の寄附を得ようと哀願したところ、前田が拒否したためとされている。先述したように、仏骨奉迎事業には巨額の資金が動く予定になっていたのであり、日本大菩提会には金銭に関わる様々な働きかけが各方面からなされたはずである。目立つ役回りを務めていた前田は恨みを買いやすい立場にあり、それが新聞紙上での中傷記事につながったのではないだろうか。

また、日本大菩提会には早い段階から資金の使途について疑惑の目が向けられており、明治三十三年十一月三日付『教学報知』は、各宗派を代表して選出された理事十名が何の役割も果たしていないにもかかわらず一ヵ月で五十円の高給を得ていると批判した。日本大菩提会に参加する各宗派には事業に対しての無責任な態度が見られたのであり、前田は運営資金を捻出する方法に窮し、次第に追い込まれていくことになるのである。

2　第六議会と教学基金の醵集

第六議会の開催

この時期の前田は宗派内外で大車輪の働きを見せており、明治三十三年（一九〇〇）十二月に召集された第六議会では宗派運営に大きな影響を与える議案を提出している。議会での前田の動きに視点を戻したい。

第六議会は十二月二日から開催された。初日にまたしても議員資格問題が提起され、教務本所職員を兼務しているとされた三宅玄魯《みやけげんろ》について資格の是非が議論された。この問題は委員会付託となり、三日目から「明治三十四・三十五両年度歳計総予算案」の第一読会が始まった。予算の総額は歳入歳出ともに二万四千二百四十七円六十銭であり、明治三十一年度の決算と比較すると約三千円以上の増額となっている。二時間以上に及んだ審議を経て、予算案は委員会に付託されたが、歳入を確保するための第二号議案「追加賦課金継続方法」は教務本所側の説明に議員が納得しなかったため議論が紛糾した。

そもそも、賦課金の増徴は明治三十年四月十日に制定された法則第三十四号で同三十二年度までと期限を定めて実施されたものであり、その期限切れのために同三十三年三月十四日に出された教令第二十七号「妙心寺派賦課金追加法則継続方法」で同三十五年度まで延長された。第二号議案は教令第二十七号について議会の追認を求めるものであったが、賦課金の決定は議会の協賛を要するものであり、管長の権限で出せる教令で賦課金増徴を命じたことは不当なのではないかと議員が詰問したのである。さらに、選挙区の状況を述べて不平を鳴らす議員もあり、教務本所側と数回の押し問答になった。「追加賦課金継続方法」は、四日目の審議冒頭で再度調査を要するという理由で撤回に追い込まれた。

五日目に、前田による施政方針演説が行われた。

要するに布教も興学も帰する所は理財の一点にあり、然るに本派の予算編成は量入制出ならざるべからざるを以て、当局者の苦心一方ならず、事業の拡張と共に費用の増加は免《まぬが》るる能《あた》わざる所、各員宜しく御賛同を乞う
布教・興学を推進するには財源の確保が必要であるが、本派の予算編成は「入るを量りて出ずるを制す」を原則としており、財政担当者の苦心は並々ではない。事業の拡張に伴う予算の増額は避けられないことであり、議員各位の賛同を乞うと前田は発言した。そし

て、事業の拡張を象徴する議案として、番外第一号議案「教学基金醵集《きよしゆう》例案」が提出されたのである。

「教学基金醵集例案」は、明治三十年の興学会で議決された興学基礎金の募集を具体化したものであり、第一条で、

教学基本財醵集の目的は、本派の教育布教を隆盛にし、その効果を永遠に収めんがため、一大基礎を鞏固《きようこ》ならしめんと欲するにあり、故に醵集したる元金は公債証書となし、確実の保存をなすべし

と、教育布教活動の持続的な発展のために基金を設置することが謳われ、基金の元金は寺班元金と同様に公債証書を購入して運用する方針が示されている。また、第二条では十年間に総額三十万円の寄附を募ること、第三条では醵集方法として檀信徒の申し込みに応じて法名一霊につき二十銭を納入させることが規定された。

「教学基金醵集例案」は、提案理由の説明後に委員会付託となった。続いて、第二号議案に代わる賦課金増徴のための第八号議案「賦課金徴集例中改正案」が提出され、第一読会が行われたが、議員から次々に出される質問と教務本所側の答弁がかみ合わず、午後三時過ぎに一旦休憩となった。

教学基金醵集と賦課金増徴の審議結果

午後四時に審議が再開されると、五名の教区取締から提出された「緊急注意書」が書記によって朗読された。

番外第一号議案、即ち教学基金醵集の件は洵《まこと》に美事にして尤も讃襄《さんじょう》する所なり、然れども、本派各教区目下の情況を観察するに、これが実行上に於て頗《すこぶ》る困難の点なきに非ずと相考え申し候間、議員諸氏に於ても本案に対し篤《とく》に慎重の態度を取り、審討熟議し給わんことを、この段御注意に及び候なり

朗読が終わるや否や、前田は立ち上がって発言を求めた。

議員は独立不羈《ふき》にして、教務本所と雖《いえど》も干渉するを得ず、然るに斯《か》くの如き牽制せんとするは不当なり

教区取締と議員とは別個の存在であり、議会の外部にいる教区取締が教学基金醵集について慎重審議を求めることは「独立不羈」である議員に対しての不当な干渉であると前田は論じたのである。続いて「賦課金徴集例中改正案」の審議に戻ったが、議員から議案の撤回を求められた。それに対しても前田は、

先日来本案に就ては再三再四番外より説明したるに、この上解らぬと云えば致方なし、本所は断じて撤回せず、又多少の修正は如何様《いかよう》とも出来得べし

と述べている。教学基金の創設や賦課金の増徴は、負担を強いられる末寺からの反対意見が根強かったのであり、前田は懸命に反論を行うが、教務本所側の旗色は悪くなった。六日目になり、「賦課金徴集例中改正案」の第二読会が行われたが、質問が続いたために採決に入れず、決議は翌朝まで延期となっている。

七日目に、議長から「本派議会（第六次）も本日限りとなりたれば、各員に於ても些細《ささい》の事に拘泥せず、大体議に就て急速の決議を望む」とする注意が出された後に、「賦課金徴集例中改正案」に代わって、先に撤回された第二号議案と同内容の第十号議案「明治三十三年三月教令第廿《にじゆう》七号本派賦課金追加法則継続の件」が提出された。議員からは、教令を以て法則を変更することになるので否決せざるを得ないとの意見が出るが、前田が「如何《いかん》せん三十一年は議会も不成立となり、常置員会も開設の運に至らずして已《や》むなく臨機の所置に出でしものなれば、将来は決して斯《かく》の如きことはなき様保証すべし」と明言したことにより、満場一致で可決された。

続いて「教学基金醵集例案」の審議が始まり、教務本所側から三十万円という醵集金額についての文言を削除した修正案が出された。その際に、

第二条の金参拾万円云云《うんぬん》は必要には相違あるまじけれど、地方に於てこの文字を一見して驚き、折角の美事に対し妙な感情を惹起《じやつき》するやも計られず

と、法則に金額を入れた結果、驚いた地方の末寺が「折角の美事」に対して反感を抱く可能性があるからと理由が説明されている。審議の結果、満場の賛成で確定議となった。

第六議会では、予算案は原案から約二パーセント減の二万三千八百七十四円九十銭で可決されており、それ以外の議案も多くは協賛された。第五議会不成立によって宗派運営の停滞を招いたことから議員は協力的であったが、議論が混迷した教学基金醵集と賦課金増徴については教務本所の方針が貫徹したとは言いがたい結果に終わったのである。

教学基金の醵集と花園教会

「教学基金醵集例案」については、『正法輪』の論説「教学基金募集と布教普及」で次のような評価が加えられた。

教学基金募集と、布教の普及と密接の関係あるは明瞭にして、募集の結果如何は、一に檀信徒信仰の厚薄にありと云うべく、檀信徒の信仰の如何は、主として布教に依りて養成すべきものなれば、この事業の成否は、繋《(ママ)》りに布教の如何に存すと云うも不可なかるべし、（中略）本派巡教規則規定の巡化巡教は、実施既に久しと雖《いえど》も、これらは各寺住職平素の布教、換言すれば花園教会例の実行と相待ちて効果を見るべきものにして、平素布教の素養なき地に於て、年一回の巡教あるも、その効力の些《すくな》きは自明

の理なり

教学基金醵集の成否は、布教活動によって檀信徒の信仰が高まっているか否かにかかっている。巡教使による布教は長期間にわたって行われているが、このような活動は末寺住職が通常行うべき布教、すなわち花園教会例の実行と相俟《ま》って効果が現れるものであり、普段の活動が行われていない地域で年一回だけ巡教使が布教を行っても効果は薄いであろうと論じられている。

右の史料中に出てくる花園教会とは、明治期に結成された妙心寺派の檀信徒団体である。仏教教団における檀信徒は、元来は講《こう》という形態で組織されていた。講とは、宗教活動を行うために信者が自発的に作った団体であり、戦国時代以降に浄土真宗の講が活発な活動を展開したことはよく知られている。明治六年（一八七三）に神仏合同大教院が講組織を国家的に編成する目的で「教会大意」を定め、教会を結成する際の届け出を義務づけたことにより、講が宗派によって一元的に管理されることになった。明治十八年の「妙心寺派憲章」では、花園教会の組織が次のように定義されている。

教会講社の組織及び寺院との関係

本山に花園教会総務所を置き、教会一切の総務を監督す、各地方適宜に花園教会分所を置き、部内教会の本務を整理せしむ、（中略）教会は一寺毎に単立し、又は数寺聯

合するも、又は一寺を分数するも適宜たるし（へ脱）
本山妙心寺に総務所、各地方に分所を設置するとともに、末端の教会は数ヵ寺連合または一寺ごとを単位に置くか、一寺を複数に分けて設けるとされている。

仏教各宗派の寺院が組織する教会は、設立の際に地方庁へ届けることになっていた。明治三十四年（一九〇一）二月段階で花園教会設置を地方庁へ出願中の寺院は、妙心寺派の寺院数三千六百ヵ寺に対して三百一ヵ寺、すでに地方庁から認可されていた寺院は僅かに一ヵ寺であり、花園教会設立に動いていたのは全寺院の一割程度であった。

「教学基金醵集例案」では、檀信徒からの喜捨によって基金を募集することが目指されていたのであり、宗派として布教活動を改めて強化していく必要が生じたのであるが、末寺住職の布教に対する問題意識は稀薄であったことがうかがえる。

花園教会の組織化が進まなかった背景

前掲の論説「教学基金募集と布教普及」の引用をさらに続けたい。

今や教勢振わず、信仰の減退は、覆うべからざる事実なるが如し、而《しこう》してその原因は、能所何れにあるや、僧侶の懈怠《けたい》に依るか、信者の冷淡なるに依るかと云うに、両者共に原因たるに相違なしと雖も、その程度は何れが多きやと云わば、予輩《よはい》は僧侶の懈怠

に存すること多きを信ず

現在の妙心寺派において檀信徒の信仰が減退していることは隠し切れない事実である。その原因は、能（布教する側の僧侶）・所（布教される側の檀信徒）のいずれにあるのだろうか。双方に原因があるのは間違いないが、程度の差を問われれば僧侶の怠慢に重きを置かざるを得ないと述べている。寺院住職の布教者としての資質の低さは覆うべくもなく、教学基金の募集は先が危ぶまれた。

『正法輪』に連載された妙心寺派僧侶である角張月峰《かくばりげっぽう》の論説「妙心寺派大勢論」の十一回目には、布教活動が活発化しない根本的な原因が言及されている。

人あるいは云わん、本派一流の宗義は言説の能《よ》く及ぶ所にあらず、四句を絶し百非を亡ず、これを筆舌に詮表して万衆に開示するが如きことは為さざるにあらず、能《あた》わざるなり

妙心寺派の宗義を言葉で表現することはできない。それは言語を絶しており、全ての分析を超えている。筆舌に表して人々に示すことは行おうとしていないのではない、不可能なのだと主張する人がいることを角張は述べている。

禅の教えは原則として「不立文字《ふりゅうもんじ》、教外別伝《きょうげべつでん》」であり、修行者である個人の体験に依拠しているので、言語で説明することは困難とされた。そのような宗義の特徴から、江戸時

代以来、臨済宗の僧侶には民衆教化の伝統が存在しなかった。臨済宗中興の祖として位置づけられている白隠慧鶴《はくいんえかく》のように、平易な言葉で禅の教えを説いた僧侶も見られたが、臨済宗全体としては僧侶の布教技術は未熟であり、それが花園教会の組織化が進まない原因になっていたのである。

また、布教に必要な教養を身に付けるために各寺院で行うべき宗門子弟の教育にも問題が多かった。「耕雲児」を名乗る匿名者が、『正法輪』に寄稿した論説「本派寺院の子弟教育」の中で、「一地方の現状」と断りつつも教育不振の理由を次のように説明した。

抑《そもそ》も某地方寺院の子弟を見ること、恰《あたか》も下男下女を使役すると一般にして、その子弟は、下男の加役たらざれば養蚕、然らざれば柴苅り、実に見るに忍びざるなり、可憐なるは青年子弟、晨《あした》に星を戴《いただ》いて採桑に従事し、夕に月を踏んで柴を負う、如何に彼らが不屈不撓《ふくつふとう》の精神を有したりとて、何《いず》くんぞ勉学の猶予あらんや

地方寺院では子弟が下男下女と同様に柴苅りや養蚕などに使役され、青年子弟に至っては早朝から夜更けまで酷使されている。これでは、彼らがいかに強靱な精神を備えていても勉学の余力などあるはずがないと「耕雲児」は指摘している。さらに子弟の師僧である老和尚が、

この寺に住職するには学問の必要なし、現に吾々もこの通り立派に住んで居る、兎角《とかく》

学問は僧侶には無い方が可なり、故に当時の教育を受けさするよりも、却って師僧の下に侍して己《おの》れの徳性を磨き、以て禅堂へ二、三ヶ年も掛錫《かしやく》すれば可なりと、論じて得意然たり

と、僧侶に学問はないほうがよく、僧堂で二、三年修行すれば十分だと得意げに話していたことを紹介し、教育への認識の低さに「何等の言葉も発し得」ないと嘆いている。

この論説は、「不立文字、教外別伝」の宗意を曲解し、子弟教育を軽視する地方寺院住職が明治期の妙心寺派には少なからず見られたことを示している。教学基金の醵集に反対した教区取締の行動には、財政的な困難という事情とともに、右のような住職たちの考え方が背景として存在していたのではないだろうか。前田による教団改革の行く手には、地方の実情という高く分厚い壁が立ちはだかっていたのである。

3　第七議会と前田の失脚

第七議会の不成立と再召集

明治三十五年（一九〇二）十二月二日に召集された第七議会は、二日目に不成立となった。その理由は、教務本所の方針に異を唱えて初日から欠席した「関東派」と称する議員

十三名のうち十名に奪階の処分が下されたためである。奪階とは現任の法階を剝奪することであり、等内地寺院（寺班六等以上）の住職を務めることができる前堂職以上の法階を持つ僧侶は、奪階によって等外地寺院の住職しかできない首座《しゅそ》職に降格となるため、処分を受けた十名は等内地寺院住職に限定される議員の資格を失い、第七議会は出席議員が定足数を下回ることになった。

十三名が提出した欠席届には、教務本所宛の伺書が添付されており、その内容から彼らの主張を知ることができる。すなわち、第一に、教務本所が明確な権限がないにもかかわらず議員資格の有無を不公平に審査していること、第二に、第十六選挙区・第二十二選挙区の取締に対して、投票期日発表の前月一日までに教務本所へ上納金を納めていなかったために選挙資格の再審査を命じたが、過去にこの規定と矛盾する指示を教務本所が出しているので納得できないことを論じたのである。

「関東派」議員の主張には、第五議会冒頭で教務本所が提出した議案「議員資格調査の件」への反発が尾を引いていたと思われるが、それに対して前田は断固たる措置を取ったのであり、十二月三日に発せられた宣誡状では、「強迫又は我意を遂行する等の悪徳を用て、法則を無視し、秩序を紊乱《びんらん》し、延《ひい》て本派の体面を汚損せんとす」る行為であると厳しく指弾した。この処分は、議事録に「這《こ》はこれ議員たる者の脳巓《のうてん》に頂きし一大打撃なれば議員中驚愕せざるものなく」と記録されているように議員たちに大きな衝撃を与えた。

奪階処分を受けた十名のうち六名は特免されたが、四名は許されず補欠選挙が実施されている。その上で明治三十六年三月二十五日に第七議会は再召集された。なお、議会に先立つ三月五日に管長選挙の開票が行われ、関実叢《せきじつそう》が当選している。関は、関無学《せきむがく》の高弟で師の俗姓を継いだ僧侶であり、名古屋の徳源僧堂で師家を務めていた。

議会初日に副議長と各委員会委員の選挙が行われ、二日目に第一号議案である「三十六・三十七両年度歳計総予算案」の第一読会が開始されたが、審議冒頭で議員から緊急動議が出された。この動議は、従来繰り返されてきた議員資格の確認ではなく、次のような内容のものであった。

写真 15　関実叢

該第一号議案は即ち本派予算案にして主要の案なるが、これを議するに先立ち本員は本派の基本金が如何になりて居るや、現今末派には種々の説がありて不審晴れず、然るにこの案はその財政を決する案ですから、財制(政)調査員費を選定して本派一般の疑団を氷解せしめ、一は該案決議に一層の安意を以て致したく妙心寺派の基本金、すなわち寺班元金の状況について、種々の疑惑が取り沙汰されているので財政調査委員会を組織したいとの趣旨であり、賛成多数で承認された。この動議は、本議会終了後に引き起こされた大波瀾の伏線になったのである。

議員数の削減と教務総理の設置

財政調査委員の選任後、前田が施政方針演説を行った。その内容は、次の四点に分けられるものであった。

① 布教活動の強化
② 普通学林を私立学校令(明治三十二年〈一八九九〉勅令三五九号)に基づく認可学校とする
③ 議会例の改正
④ 予算の八千円増加

一点目の布教活動については、予算の制限から十分に展開できないが、日清戦争で新たに日本の領土となった台湾と、以前から布教を推進してきた北海道については少額ながら予算を確保して継続する方針であることが示された。

二点目の普通学林認可は、在校生の兵役猶予を受けるために行われるものであり、その結果として教育費の予算案は前回議会で議決された予算の約一・五倍である一万三千九百七十円が計上されることになった。

三点目の議会例改正は、隔年の議会開催では複雑化する社会に対応できないという理由で、議会の毎年開催と議員定員を三十名から二十名に削減することを内容としていた。

四点目の予算増加は、普通学林昇格と議会例改正、および物価騰貴に伴うものであり、増加分を確保するために賦課金徴集例を改正して従来の一・六倍となる一万三千六百八十八円の賦課金を徴収することが予定された。

三日目と四日目は、各議案についての委員による調査のために休会となり、五日目に審議が再開された。最初に追加の議案と議員からの建議案が提出され、そのうちの「妙心寺派教務本所例中改正案」が提出者日吉全識《ひよしぜんしき》によって説明された。本書でも度々登場する日吉は、岐阜県選出で前田の息がかかっている議員である。

この議案の要点は、教務本所責任者が二名の議事になっていた従来の体制を改めて一名の教務総理を置くとともに、執事以下を選挙ではなく教務総理の推薦により管長が任命するとしたことである。提案理由は、

抑《そもそ》も本派役員の首班たる議事にして二名を置くは、或《あるい》は意見の衝突なきを保すべから

ず、果して意見を異にせんか、一派統一を保持するは得て望むべからず、故にこれを一名とし、一は以て本派の統一を保持し、一は以て経費の節減を期す

とされており、第三議会から課題になっていた教務本所の責任一元化を目指すものであった。議会の毎年開催により議員定数を十名削減することを合わせれば、前田が自らへの権限集中を目論んだのは明らかである。「関東派」議員の粛清を図った奪階処分にも見られたように、以前にも増して強引な姿勢を取る前田の心理には、先述した寺班元金をめぐる疑惑に対しての焦りが存在していたと思われる。

前田の進退伺い

日吉の建議は委員会付託となり、第二号議案「妙心寺派議会例中改正案」・第三号議案「妙心寺派常置員例中改正案」・第四号議案「妙心寺派議員選挙例中改正案」の第一読会に移ったが、第四号議案の審議で議員からの猛反発を浴びることになった。まず、議員岐津《ぎづ》宗柏《そうはく》が「卅《さんじゅう》名の議員を廿《にじゅう》名とするが如き縮小的方針は大不賛成なり」と反対論を唱え、続いて議員雄山慧恭《ゆうざんえきょう》が、

僅《わず》かに予算に拘泥して縮少的方針を取るなどとは実に奇怪なり、本派に於て稍《やや》もすれば当局者が専横を極め、末派の権利を蹂躙《じゅうりん》する云々と云うて居ることは我人もそれに

聞く所である、（中略）本所員自身に於て末派のこの声を耳にせないことはあるまいと思うこの矢先に於て、而《し》かも末派の疑惑を愈愈《いよいよ》高からしむる改正案を提出する如きは実にその当を得ない

と、前田の専横が末寺の反発を高めている折りに、ますます自らの疑惑を高める議案を提出するなど全く道理に適っていないと厳しく批判したのである。

最終日の六日目に入り、第五号議案「妙心寺派教育例中改正案」が第三読会省略で確定議になった後で、第二号・第三号・第四号議案が撤回された。そして、第七号議案「妙心寺派賦課金徴集例中改正案」の審議に入ったが、質疑の冒頭で議員大橋春崖《おおはししゅんがい》が、

本員は、教務本所に於て何でも弐万円程の金を或《ある》所より借入れたりと聞くが、派債を為すは綱目及び法則の保障する所にして、議会の協賛を経ざれば出来ざる筈なるに、この事を聞くは甚だ奇怪と思う

と、教務本所が独断で二万円を借り入れたことについて難詰する質問を出したために議場が混乱した。議長の青山宗完《あおやまそうかん》は、議案外の質問なので正規の手続を経るようにと注意するが、岐津が大橋の質問を受けるように動議を出し、採決の結果否決されて議論は一旦収まった。しかし、休憩の後で大橋と岐津を含めた八名が病気欠席の届書を提出するとともに、議員斎藤龍戒《さいとうりゅうかい》が借金について再び質問を行っており、度重なる紛糾で審議の終了時

間が切迫した。そして「三十六・三十七両年度歳計総予算案」と「妙心寺派賦課金徴集例中改正案」が駆け込み的に可決されて議会は終了したのである。

第七議会の終了後も、財政調査委員会が組織された原因である寺班元金についての疑惑は燻《くすぶ》ったままであった。そして、明治三十七年（一九〇四）八月二十四日に、寺班元金で購入された公債証書を不正に流用して宗派に巨額の損失を与えたという理由で、前田は管長の関実叢に進退伺いを提出したのである。公債証書の流用先は債務の累積に悩む日本大菩提会であった。

日本大菩提会の債務

仏骨奉迎を終えた明治三十三年（一九〇〇）の後半から、奉迎使や日本大菩提会に関する数多くの批判記事が新聞紙上に掲載されたことは先述したが、そのような問題を受けて日本大菩提会の会則改正と組織変更を前田らが提唱し、同三十四年二月十九日に妙法院で開催された各宗派管長会議で次の事項が議決された。すなわち、会の総裁に皇族を推戴するとともに、会長・副会長を新設して指導力を強化すること、三名の会計監査役を置いて金銭の出納を厳密にすることなどである。また、四月八日より一ヵ月間をかけて妙法院で実施される仏骨拝瞻《はいせん》会の費用二万円の借り入れと、仏骨奉迎の際に鴨東銀行から借り入れた三万円の負債処分についても議論された。

四月十八日に、会長を妙法院門主村田寂《むらたじゃくじゅん》順、副会長を前田が務める新体制で、日本大菩提会は改めて発会式を行った。しかし、運営のための寄附はほとんど集まらず、仏骨拝瞻会も予定の収入を得られなかったために負債は六万円に増加し、先に鴨東銀行から借り入れた三万円も返済期間を超過して厳しい督促を受けていた。十二月六日に鴨東銀行は仏骨以外の財産差し押さえを行っており、関係者は金策に奔走することになった。差し押さえ解除のための返済金は妙心寺からの立て替えを余儀なくされたようである。

前田は、『隔生即忘《きゃくしょうそくもう》』の中で、日本大菩提会の債務をめぐる加盟各宗派の態度について激しい憤りをもって回顧している。


日本大菩提会同盟各宗派（中略）は、御遺形奉迎事件発端より最初創立の当時一切の用費は債務を起してこれに充て、一銭一草も醵出せしことなきにあらずや、（中略）奉迎の事より奉安事務に及び、殊に大菩提会拡張の経費たるや決して鮮少にあらず、これを既に議決し、これが費目を詳認しなから、各自一銭もこれを支出するとせず、而《しか》も一方大菩提会負債償還の事、措《お》て省《かえり》みずとは何《い》かにもその責任を思わざる無神経の酷《むご》たしき、蓋《けだし》驚くべし

日本大菩提会の創立以来、各宗派は運営費に借金を充てるのみで一銭も拠出しなかった

のではないのか。仏骨奉迎を始めとする様々な事業で要した経費は決して些少でないにもかかわらず、各宗派は会議で費目を承認しながら全く支払いをせず、さらには負債償還を一切顧みなかった。その無神経の酷さは驚くしかないと嘆いている。また、日本大菩提会の債務整理に協力を要請された京都市長内貴甚三郎は、

仏骨奉迎の当初は各宗本山共同し、非常の熱心を以て大菩提会を設立しながら、今日の窮境に沈むや各自種々の辞柄の下にその責めを逃がれんとするは、宗教家の行動として実に言語に絶したる次第なれば、この際是非とも各宗より少なくも三万円を醵出したるうえは、鴨東その他債権者に対する交渉の労を執るべし

と、発足当初は熱心に日本大菩提会に関わっていた各宗派が、財政窮迫の状況に至るや責任から逃れようとするのは宗教家の態度としてあり得ないことであり、各宗派から三万円を拠出しない限りは協力できないと述べている。

これまで本書で見てきたとおり、仏教各宗協会以来の仏教各宗派共同の取り組みは、会議の参加や決定事項の履行についての強制力がないために結束を欠いていた。財政的な負担に関わる事案に対しても各宗派ともに当事者意識が稀薄であり、日本大菩提会の債務処理は会長の村田と副会長の前田が責任追及を受けることになったのである。

仏骨奉安地の争い

明治三十五年（一九〇二）一月二十日より、各宗派管長で構成される日本大菩提会名誉会監会が妙心寺龍泉庵で三日間開催された。初日に議案が八本提出されたが、最大の論点は第一号議案「覚王殿建設に係る土地選定の件」であり、日本大菩提会本部からは「御遺形奉安地は京都に仮定す」と発議された。しかし、融通念仏宗の清原賢静《きよはらけんじょう》より静岡県三方原を奉安地とする建議案が出され、質疑で日蓮宗の津田日厚《つだにっこう》が東京を推したために意見が対立した。錯綜した議論をまとめるために交渉委員が七名選出され、初日の審議は終わった。

二日目は、会議に先立ち会長の村田が辞職願を提出したことが議長から報告された。続いて交渉委員長の浄土真宗大谷派渥美契縁《あつみかいえん》が、候補地である東京と京都双方の利害得失を調査するために選定委員の設置を提案したが、自らの三方原建議を外された清原が委員の対応を詰《なじ》ったために激論となり、渥美の案は否決された。三日目に、渥美・前田・津田ら九名の選定委員を置く案が改めて提議され、可決されている。

辞職願を出していた村田には留任が勧告された。村田は日本大菩提会の債務について連帯保証人を引き受けており、会長職を続けることに強い不満を抱いていたと思われる。明治三十四年末の段階で、債務は七万八千円余りに累積していた。

三月に入り、名古屋の有志者が覚王殿を誘致しようと御遺形奉安地選定期成同盟会を立ち上げ、積極的な運動を開始した。京都案の支持者は平安同志会を結成して対抗するが、名古屋側の熱心な働きかけにより選定委員は前田を除いて名古屋案を支持し始めた。そのような状況で、奉安地を決定するための名誉会監会が八月二十七日に開かれた。

この会議が成立すれば京都側の勝利になることが予想されたことから、名古屋案を推していた奉迎使の一員である曹洞宗管長代理の日置黙仙《ひおきもくせん》が、選定委員である曹洞宗弘津説三《ひろつせつさん》とともに議事妨害を謀った。彼らは浄土真宗本願寺派を欠いた会議は円満さを欠くとし、参加交渉の実施を主張したのである。本願寺派は出席を了解しなかったために会議は流会を重ね、六日目の九月一日に至り会議名を臨時管長会議へと変更してようやく審議が開始された。しかし、京都案・名古屋案のどちらに決するか議論はまとまらず、八日目に候補地の再審査を行うために会議の延期が決まり、十名の比較調査委員を選出したのみで議論は終了したのである。

比較調査委員の調査を受け、十月二日に各宗派管長及び各宗派重役合同会議が召集された。参加者は六十五名であり、議長に真言宗長宥匡《ちょうゆうきょう》、副議長に日置が選出され、京都案と名古屋案の調査結果が報告された。すなわち、京都案は候補地として愛宕《おたぎ》郡松ヶ崎村・吉田町神楽岡《かぐらおか》・山科村日岡《ひのおか》など五ヵ所が挙げられ、二十万円を出金する計画であること、名古屋案は愛知郡田代村字末森月見坂・同郡御器所《ごきそ》村字北山前など十一ヵ所を候補地とし、五十万円を負担する予定があるとされていた。

二日目になり、日本大菩提会と覚王殿との関係を明確化するために、奉安地決定の日を起点として五十日以内に日本大菩提会の負債を返済し、二年以内に寄附金の納入を完了し、三年以内に覚王殿を竣工させることを日蓮宗の津田が建議した。この建議を検討するために九名の交渉委員会が組織されることになり、日本大菩提会の会計帳簿が調査された結果、負債総額が十三万六千円に膨れ上がっていたことが判明している。

十月十二日に、奉安地を決定するための投票が実施されることになった。形勢不利となった京都側は記名投票を提案するが、名古屋側に拒否されたため十八名が欠席した。さらに津田が、会議の円満を保つために奉安地と覚王殿に関わる一切の権限を二、三の大宗派に委任することを提案したが、これも否決されたために九名が退席している。議場に残った三十八名によって投票が行われ、三十七票対一票の大差で奉安地は名古屋に決定されたのである。

覚王山日暹寺の創建と前田の敗北

奉安地決定を受け、十一月五日に行われた各宗派会議で前田は日本大菩提会副会長を辞職した。村田も会長を辞し、新たな会長・副会長に大谷光演と日置が推薦され、事務の引き継ぎが行われた。十五日に仏骨は名古屋へと運ばれ、仮奉安殿である大須万松寺に安置された。

仏骨が名古屋に移されてからも、覚王殿の建設は容易に進まなかった。寄附を募るために組織された日本大菩提会愛知奉賛会は信用が高まらなかったために、明治三十六年（一九〇三）になっても十三万六千円の債務は支払いが先延ばしにされていた。また、覚王殿建設地についても愛知県内の候補地間で招致をめぐって激しい争いになっていた。日本大菩提会名古屋本部は候補地の比較調査を行い、四月十二日に選定委員会を開催してようやく愛知郡田代村月見坂に覚王殿建設地を確定させたのである。

前田は選定委員会に妙心寺派の委員として参加したが、その後は五月末から八月まで流行性感冒に罹患したとの理由で自坊の龍泉庵に引きこもった。この時期の前田は金策に腐心していたはずであり、本当に病であったかは疑問が残るが、仏骨奉安地争いや第七議会の対応に忙殺され、さらには巨額の債務が返済されないために公債証書の流用を続けたことの重圧から、さすがの前田も肉体的精神的な限界に達したとも考えられる。

覚王殿をめぐる膠着した状況の中で、シャム国王の好意に対しての立場がある公使の稲垣満次郎は、問題の解決を図るために帰国して関係者の間を奔走し始めた。稲垣は、文部

写真 16　日泰寺舎利塔　昭和 17 年（1942）に日暹寺より日泰寺に寺名が改称された。

省宗教局長の斯波淳六郎と協議のうえで、規模が壮大すぎる従来の建設計画を中止し、さらに日本大菩提会の債務を切り離すために、日本とシャムとの友好を目的とする覚王山日暹《にっせん》寺という寺院を創建して仏骨を奉安する新計画を立案したのである。

京都・滋賀の臨済宗・黄檗宗九宗派は、債務を返済しないまま新計画を進めることは手前勝手な処置であるとして日暹寺創建に賛同しなかったが、日置の懇請を受けて承認に転じた。そして、シャム国王から仏骨を授与された二十三宗派管長による日暹寺建設請願に対して、十月十二日に内務省が認可を与えたのである。日暹寺は、二十三宗派の管長が順番で住職を務める超宗派の寺院として創建されることになった。

十二月二日に、日暹寺諸規則の制定や日本大菩提会会則改正のための各宗派管長会議が開かれた。妙心寺派管長代理としてこの会議に出席し、議長に選出された前田は、議事を主導的に進めるとともに、副会長を二名に増員して自らが就任した。『中外日報』の報道では、例の辣腕を発揮し始めた前田に対して、「副会長の日置黙仙氏の如きは宛《さ》ながら置物同様になりて傍観の有様なり」と、日置は為す術がなかったとされている。

しかし、その辣腕を以てしても、十三万六千円の債務全額を名古屋側に負担させることはできなかった。名古屋側が支払う金額は合計五万円で決着したために、前田は万策尽きたのである。

4　前田の収監とその後の妙心寺派

事件の予審と臨時議会の召集

前田が進退伺いを提出した明治三十七年（一九〇四）八月二十四日に、管長の関実叢《せきじつそう》は三名の常置員に命じて教務本所金庫の検閲を実施した。関自身も加わって金庫内を確認したところ、収納されていたはずの額面十一万七千円の公債証書は消え失せており、四百円分の国庫仮債券が残されていたのみであった。

関は、事態の収拾に向けて自ら指揮を執り、財務臨時調査員を任命して事実関係の糾明に当たらせるとともに、前田と会計主任執事であった釈等顧《しやくとうこ》を罷免し、さらに善後策を検討するために臨時議会の開催を命じた。また、九月五日に教務本所は前田を刑事告発している。検事局の取り調べを経て、京都地方裁判所による予審（起訴された被告人に対して、裁判所が公判に付するか否かを決定するために審理を行う制度）が開始され、十一月二十二日に終結した。前田・釈ら被告六名に送達された「予審終結決定書」から把握できる事件の概要は次のようなものであった。

前田と、日本大菩提会の会計顧問に就任した釈は、明治三十四年中に公債証書を密かに担保に入れて森田《もりた》長次郎《ちようじろう》から六万円、同三十五年中に前管長小林宗補《こばやしそうほ》の名義を濫用して大橋銀行から四万円など、合計十数万円を各所から借用して日本大菩提会の債務を弁済した。その後、森田からの督促を受けた前田と釈は、明治三十六年四月から五月にかけて関実叢名義の約束手形を偽造して住友銀行から借用した五万五千七百円を弁済に充て、同三十七年五月に四十九銀行・京都銀行から不正な手段を用いて借り入れた十万円で住友銀行その他への弁済を行った。その際に四十九銀行・京都銀行へすべての公債証書を担保として差し出した。

この間、債務の弁済を受けていなかった大橋銀行は、七月四日に妙心寺を訪れて強制執行の着手を試みたが、弁護士などの仲裁により前後五回の分割弁済に応じた。前田と釈は、大橋銀行への弁済のために関実業名義の抵当登記申請書を偽造し、花園学林（明治三十六年に普通学林から改称した）の土地建物などを抵当に入れて四十九銀行取締役の片山茂三郎より二回の融資を受けた。

以上の事実関係を踏まえ、京都地方裁判所は前田・釈ら四名を重罪公判に付すことを決定している。

これまで述べてきた通り、寺班元金の運用益は妙心寺派財政を支える主要な財源になっていたのであり、公債証書がすべて銀行の手に渡ったことで財政は危機的状況に陥った。関の命令で十月五日に召集された臨時議会では、第一号議案として明治三十七年度予算の変更が提案され、第七議会で議決された予算の歳出総額二万三千八百七十四円七十銭を約五十五パーセント削減した一万七百二十五円とする原案が満場一致で協賛された。また、財源を確保するために各教区の上納金未納分を徴収する第二号議案、各銀行への債務整理などを行うための臨時財務整理費二千円を計上する第三号議案も満場の賛成で確定議になっている。

臨時議会の議決によって当面の財政方針が定まり、それを実行に移そうとした矢先の十月二十一日早朝、かねてから体調不良を抱えていた関が就寝中に脳充血を起こして遷化した。明らかに事件による心労が原因で引き起こされたものであり、関に伸し掛かった重圧の凄まじさが推察される。

第八議会と教務本所の機構改革

明治三十七年（一九〇四）十一月十日、教務本所は前田と釈に対して擯斥《ひんせき》（宗派追放）の処分を下した。明治三十八年一月十四日には、妙心寺事件と称されることになった前田以下被告六名に対する公私文書偽造・詐欺取財被告事件の第一回公判が開かれている。新聞報道されていた妙心寺事件は人々の関心を集めており、傍聴人は早朝から裁判所の門前に詰めかけ、交付された傍聴券百五十枚では足りず、約二百名が廷外で傍聴した。

午前中に検事から公訴事実の陳述があり、午後から前田・釈の罪状認否が行われた。前田は、住友銀行に対する約束手形の偽造を全て否定し、四十九銀行・京都銀行からの借入れも後になってから聞いたと述べている。その後、第二回・第三回の公判が行われ、三月二十八日に判決が宣告された。前田は重禁固三年・監視六ヵ月に処されており、被告六名は大阪控訴院に控訴した。

関の遷化に伴う管長選挙は二月二十日に開票され、福岡県の梅林僧堂師家である東海猷禅《とうかいゆうぜん》が当選した。議事・執事の選挙も実施され、議事には虎渓莞応《こけいかんのう》・天沢文雅《あまさわぶんが》が就任している。刷新された体制の下で、開催が一年延期されていた第八議会が五月二十二日に召集された。

三日目に、天沢が施政方針演説を行った。その論点は三つあり、まず第一に破綻を来した会計を未納金の徴収でやり繰りしたこと、第二に昨年度の臨時議会で五千円に削減された学林費に二千円の補助金を追加したこと、布教の規模も大幅に縮小したことが報告された。この二点は財政窮迫への当面の措置を論じたものだが、第三に「妙心寺派綱目」改正案についての説明があり、内務省との交渉も終わっているので可能な限り原案通りの賛成を求めている。この改正案は、関の命令で前年十一月に設置された制度調査会において「妙心寺派綱目」と附帯規則の不備について検討が行われたことの成果であり、今後の宗派運営を健全かつ円滑に行うための提案である。

審議は、附帯規則についての議論が中心になった。まず、歳入の欠損に伴う第二号議案「賦課金徴集例中改正案」が、第一号議案の総計予算案とともに討議された。予算は歳入歳出ともに二万七千二百八円九十三銭五厘で確定議となり、その財源を確保するために賦課金は一万六千二百六円三十四銭と、第六議会で議決された「明治三十四・三十五両度歳計総予算」の八千五百十五円八十二銭と比較すると約二倍の金額が課されることになった。

また、教務本所の組織改革も審議の焦点になっており、第五号議案「教務本所職員選挙例案」、第十一号議案「教務本所例中改正案」が提案された。「教務本所例中改正案」では、第五条が「教務本所に執事長一名、執事三名、部員若干名を置く　第一項　執事長は教務事《（本）》所一切の事務を総理す」と改正されており、執事長の設置により責任体制の一元化が図られた。それに加えて「教務本所職員選挙例案」では、選挙を二回実施することとし、一回目で全国の各選挙区から選ばれた候補者の中から二回目で教務本所職員を選出することを定めた。「教務本所例中改正案」で執事長は教務本所職員から管長が特選するとされており、当局者による執事長人事の壟断《ろうだん》を防ぐ規定になったのである。

第七号議案「参事会例案」では、常置員会の廃止と参事会の設置が建議された。参事会設置の理由について、教務本所は「同会権限の主要部分は第十二条の歳計決算の検査であります」と説明しており、決算監査に対する参事会の権限が明確化された。

第八議会での教務本所の提案はほとんどが協賛され、議会後の十一月十二日に「妙心寺派綱目」と附帯規則の改正内容が宗派内に布達された。附帯規則は改正が十八則、新規制定が四則、廃止が二則と大幅な変更になっており、これらの編成作業が短期間で処理されたことからは教務本所と議会が抱いた切迫感の大きさがうかがえる。

妙心寺派は、寺班元金の消失、妙心寺事件の経緯が流布したことによる社会的制裁という大打撃を蒙ったが、その危機を規則改正につなげたことで、結果的に宗派自治の強化を果たしたと評価できる。

その後の妙心寺派

第八議会後も、妙心寺派は債務の処理に苦慮した。京都銀行・四十九銀行への十万円の債務については、京都地方裁判所に提訴した公債証書返還請求訴訟が却下されたために、京都電気鉄道会社社長高木文平《たかぎぶんぺい》と鹿苑寺住職伊藤貫宗《いとうかんしゅう》の仲介で、明治三十八年（一九〇五）八月六日に両銀行と和解した。その内容は、回収不能になっていた日本大菩提会への債券三万二千円を両銀行に譲渡して代金を受け取ることと引き換えに、公債証書の全ての権利を喪失するというものであった。同時に片山茂三郎に対しての債務も弁済し、花園学林への抵当権を取り消した。当初妙心寺派は五万円の債務減免を主張したが、両銀行の容認するところではなく、妥協を強いられたのである。

大橋銀行への五万円の債務は、第八議会での議論の結果、濃尾地方の有志議員が仲介に入って代位弁済することに決まったが、その責任が果たされなかったために大橋銀行が妙心寺の寺宝に対して強制執行を実施した。教務本所は差し押さえの解除を求めて京都地方裁判所に提訴したが、明治三十九年十二月一日に敗訴し、同四十年二月二十五日に控訴も棄却された。最終的に前京都市長内貴甚三郎の調停によって和解となり、債務四万四千九百四十七円九十二銭を分割して弁済することになった。

各銀行に対する債務の処理で妙心寺派は更なる財政負担を強いられたが、それらの問題が一定の決着を見た後は、従来から課題とされていた教育制度の整備が進められた。すなわち、明治四十一年二月に開催された第十議会で、花園学林を花園学院と改称し、正科を中等部、実習科を高等部と改めることを文部省に申請し、次のような条件で認可されたことが報告されたのである。

① 高等部は専門学校令（明治三十六年発令）に基づき設置する。

② 中等部卒業者は府県立中学校卒業者と同等の学力を認める。

③ 花園学院全体は徴兵令第十一条・第二十条に基づいて徴兵猶予をされる。

また、「妙心寺派教学財団設置建議案」が提出され、開山国師五百五十年遠忌の記念事業として可決された。教学財団は民法に基づく財団法人となり、五十万円の基金を集めることが目標として設定されている。

明治四十三年十二月開催の第十一議会では、花園学院高等部を臨済宗大学と改称することが議決された。明治四十四年十月五日に発布された「私立臨済宗大学々則」で臨済宗大学を本科・選科の二科編成で修学年限を四年、「私立花園学院学則」で花園学院の修業年限を五年と規定しており、合わせて九年間の修学課程が設けられた。

明治の末期に至り、臨済宗大学・花園学院は政府から認可を受けるとともに一定の財政基盤を確保し、ようやく宗門学校としての体裁を整えたのである。

前田の隠棲と死

明治三十八年（一九〇五）十二月十五日に妙心寺事件の控訴審判決が出ており、前田は重禁錮一年六ヵ月・監視六ヵ月の刑に付された。上告の記録は管見の限りでは見出せておらず、これで刑が確定したものと思われる。

晩年の前田は、岐阜県本巣郡の正伝寺《しょうでん》に隠棲した。大正六年（一九一七）十月に村田無道《むらたむどう》が『正法輪』に寄稿した「最近の前田誠節師」という小文から、隠棲中の前田の消息を知ることができる。

前田は、正伝寺に三、四十人の門下生を集め、内外の典籍を教授するかたわら、各方面から招かれて講演活動を行っていた。前田の著述講演は冴え渡っており、「文字と宗旨と弁舌と音声及び態度、この五拍子完全に揃って維摩経を講ずる人が、我が宗内に幾人あろう、宗演禅師を除いては、否でも前田師を推さねばなるまい」と、日本人の僧侶として初めて欧米で禅を広めた円覚寺派管長の釈宗演《しゃくそうえん》と匹敵する存在との評価を受けたとされている。人格も一変しており、その一挙一動が極めて謙抑慇懃《けんよくいんぎん》になったことから、「近頃前田師の近状を知る者は、一人として褒めぬ者はない」と村田は述べている。元来が天涯孤独の身であった前田は、妙心寺事件によって権勢のすべてを失い、無一物の境涯に戻ったが、その挫折が彼に禅僧としての円熟した境地をもたらしたと言えるだろうか。

『隔生即忘《きやくしようそくもう》』には、晩年の前田の気持ちが綴られている。

刑事に問わるる身となりては、世の同情は消磨し去るに相違なけれども、吾人か嘗《かつ》て扶掖提導《ふえきていどう》し、或は保護煦育《くいく》し、これによりて世に立ち難きを免《まぬが》れしめたる者、その人幾員なるやを知らず、爾《しか》るに吾人の逆境に陥りしを弔する者最稀なり左《さ》りとて悲観の中に折角の一生を了するも亦《また》馬鹿々々しきの限なり、何《い》かにしてか慰安を得ん、仏陀も神明も些《いささ》か頼むべきに非ず、況《いわん》や吾人と均等なる陋劣《ろうれつ》の友人に於てをや

刑事責任を受ける身になってからは世の同情は消え去り、かつて養育指導した多くの者も自分の逆境を慰めに来ることは稀である。悲観の中で一生を終えるのは馬鹿馬鹿しい限りであり、どのように心の安らぎを得ようか。仏も神もまったく頼りにならない。自分と同等である愚かな友人たちは猶更だ。この述懐からは、前田が周囲の人間すべてを否定する気持ちになっていたことがうかがえる。隠棲生活における前田の精進ぶりは手放しの称賛を受けるほどのものであったが、心の中にはどうにもならない孤独を抱えていたのであ

る。

世人は何かに下評するかは関する所にあらず、吾人は仏道のため、これ法のため、最大最善最勝最利なりと信じたることを施行したりし也、而《しこう》して又多数の人に代りて最劇最痛の苦しみを受けし也、その間毫末も私欲私念なかりし也、一点も疚《やま》しきことあることなし、百年の後知る者は自《おのずか》ら知らん

世間の評価は関知しない。自分は仏道のため、仏法のために最良の方法を採ったのであり、多くの人々に代わり最も激しい苦しみを受けた。私利私欲など全くなく、後ろめたいことなど一点もない。百年が経過すれば、後世の者はそれを知るであろう。これは、幼いときから数々の逆境に耐え抜き、世間の非難に晒されながらも節を曲げることなく、自らの信念に殉じた前田の心の叫びといえる。

大正九年（一九二〇）十月二十六日、正伝寺で病気療養中であった前田は、容態の急変で死去した。十二月十一日に、執事長日吉全識以下教務本所職員と山内一同により妙心寺大方丈で追悼法要が営まれた。

おわりに

最後に、前田誠節の生涯を再度振り返り、彼が残した足跡が明治期の仏教界においてどのように位置づけられるかを考えてみたい。

幼いときに両親と死に別れて出家した前田は、その困難の中で自らの学問を磨くとともに、修行生活でも多数の雲水が在籍した梅谷僧堂で頭角を現すほどの修行を積み、能力の高い僧侶に成長した。前田は、幕末維新の動乱期に修行時代を送っており、幼年期を過ごした伊勢山田の僧侶が神仏分離令によって簡単に還俗し、すべてを失った経緯を見て、国家権力の威圧干渉に対して宗教家や宗教団体がいかに独立を保つかを深く考える機会を持った。

明治維新以降、新政府が推進した神道国教化政策が島地《しまじ》黙雷《もくらい》に率いられた浄土真宗の抵抗によって破綻し、一定の信教の自由が仏教各宗派に認められたことを契機として、臨済宗は近代的な宗派としての組織形成を開始した。すなわち、宗務機関としての臨済宗大教院を設立するとともに、宗門学校である総黌を開校したのである。総黌の教員は、当時の臨済宗を代表する僧侶であった関無学《せきむがく》や今北洪川《いまきたこうせん》が務めたが、前田も二十八歳で助教に抜擢され、初期の宗門教育を担った。

明治九年（一八七六）に臨済宗から妙心寺派が独立し、同十七年の太政官布達第十九号によって宗制寺法の制定が各宗派に求められたことにより、妙心寺派においても宗派運営の基盤構築が進められることになった。明治十八年には妙心寺派にとって初めての宗派規則である「妙心寺派憲章」が制定されるが、前田はその草案の起草に力を尽くした。また、教育布教活動の枠組みも形作られるが、前田は住職試験の内容を策定するなど主導的な役割を果たしている。

教団自治の確立に強烈な問題意識を抱いていた前田は、住職試験の落第者に住職資格を認めないとする規定を設けたことからうかがえるように、僧侶の堕落に厳しい目を向け、短兵急な改革を志向した。「妙心寺派憲章」の制定に伴い、妙心寺派は宗派としての議会を定期的に開催するようになるが、宗務機関である教務本所を代表するようになった前田は、保守的な地方の議員たちとの間で抜き差しならぬ対立を抱えたのである。

前田は、議員たちから目の敵にされつつも、教務本所職員選挙では圧倒的な支持率で当選を重ねた。妙心寺派の改革には前田の傑出した実務能力が不可欠であり、そのことは宗派内の多くの僧侶が認めていたのである。前田の実力は宗派外でも発揮されており、仏教各宗派の連合体である仏教各宗協会において、他宗派の宗政家とともに内務省に対して寺院法案の制定を働きかけるなどの精力的な活動を行っている。

宗派内外で台頭する前田の動きに、議員たちは更なる警戒を示すようになった。その結果として第五議会は不成立になり、第六議会でも賦課金増徴や教学基金醵出を目指す議案が暗礁に乗り上げた。それは、末寺の経済的な困窮や教育布教活動に無関心な住職たちの因循さも原因になっていたが、前田自身の存在が宗派運営にとっての障害になりつつあったのである。

そのような時期に、インドで発見された仏骨がシャム国王から日本へ譲与されることになり、その奉迎使を前田が務めることになった。さらに仏骨を奉安するために日本大菩提会が組織され、覚王殿の建設が目指されるが、計画は杜撰なものであり、参加した各宗派にも無責任な態度が見られたために、副会長として会務を抱え込んだ前田は次第に追い詰められた。日本大菩提会が運営資金を捻出するために重ねた借金は十三万円余りに及び、それを立て替えるために妙心寺派の公債証書を前田は不正に流用し始めた。

二転三転した覚王殿の計画は、覚王山日暹寺と名前を変えて名古屋に建設することが決定された。前田は、名古屋側に運営主体が替わった日本大菩提会に債務の弁済を求めるが、全額を負担させることができなかったために、担保として流用した公債証書を銀行から取り返すことが不可能になった。為す術を失った前田は教務本所から刑事告発され、失脚したのである。

以上のような前田の宗政家としての事跡に多くの問題点があったことは否めない。宗派自治の強化を目指した諸改革は末寺の事情を十分に顧みないものであり、その強引さが原因で議員の反発を買い、失敗を繰り返したのは事実である。仏骨奉迎事業における突出した行動は、日本大菩提会の累積債務を背負う結果を招き、宗派財政を危機的状況に陥らせた。しかし、「妙心寺派憲章」制定以降の前田が、教育布教活動を中心に妙心寺派宗務の枠組みを作りあげたことは公平に評価されなければならない。前田の失脚後に妙心寺派の諸制度が整備されるが、それは前田執務時代の蓄積を踏まえなければ成し遂げられなかったことのはずである。

明治期における仏教界全体の動向から前田の業績を捉えるために、過去の近代仏教史研究を参照してみると、伝統仏教教団に対しては低い評価が与えられがちであったことが指摘できる。明治十七年の太政官布達第十九号によって国家から一定の自治を認められた仏教各宗派は、曹洞宗内の永平寺と総持寺の争いに代表されるように、与えられた自治を使いこなすことができずに紛争を繰り返したのであり、国家に依存しなければ宗派の運営は立ち行かなかったとされてきた。

しかしながら、本書の分析から明らかなように、すべての仏教教団が曹洞宗のように露骨な政治介入を受けたわけではない。永平寺と総持寺との対立は、江戸時代初期の幕府による宗教政策に端を発する根深いものであり、この事例をもって一般化はできない。前田を中心とする教務本所は主体的な立場で教団運営を進めていたのであり、彼の卓越した手腕抜きで妙心寺派は改革を果たし得なかったのである。

また、仏教教団を低く位置づける物の見方からは、前田のような宗政家の存在意義を認めず、仏教教団から距離を置いた仏教思想家・運動家を高く評価する研究傾向がもたらされた。浄土真宗大谷派の清沢満之《きよざわまんし》についての研究はその典型例である。

清沢は、明治期を代表する哲学者・宗教家であり、明治の仏教界に大きな影響を与えた精神主義運動を展開した僧侶である。阿弥陀如来による絶対無限の慈悲を信じて安心を得ることで独立自在の心境を達成しようとする精神主義は、自立した個々人の信仰を大切にする近代社会に適合したものであり、そのような信仰を打ち立てた清沢は明治仏教界の冠たる存在として取り上げられてきた。その一方で、清沢研究における大谷派は、清沢による教団改革の客体として次のように描かれてきた。

明治期の大谷派は、渥美契縁《あつみかいえん》・石川舜台《いしかわしゅんたい》という二人の宗政家が運営を担っていた。明治二十年代に執事であった渥美は、窮迫した財政を立て直すために容赦ない収奪を繰り広げており、門末の疲弊と教学活動の停滞を招いた。清沢は、改革運動を組織して宗政のあり方を激しく攻撃し、運動の盛り上がりを背景に渥美を罷免に追い込んだが、渥美に匹敵する宗政家であった石川が老練な手腕を発揮して清沢の運動を収束させたのである。

このような図式を前提にした場合、宗政家の存在を積極的に捉えることは困難になる。石川などは、清沢の活動を潰して仏教の近代化を阻害した人物という評価しか当てはまらなくなるからである。しかし、石川については、明治初期に学校の開設や海外開教などの事業を推進した事跡が紹介されている。石川や前田のような宗政家が宗派運営の基盤を整備したことによって、清沢ら仏教思想家・運動家の諸活動が成立した事実を重視する必要がある。

当時の仏教教団が保守退嬰的な体質を持っていたことは否定できないが、その内部には前田のように仏教の改革を志して内在的な努力をした人物が確かに存在した。そのことを明確に意識しながら近代仏教史を分析しなければならないということが、本書で筆者がもっとも主張したいことである。

現代の社会における仏教教団を取り巻く環境は厳しさを増している。「限界集落」に象徴されるような人口減少に悩む地方の地域社会において、古くからの檀家を失った寺院は存続の危機にある。昨今のコロナ禍はその傾向に拍車をかけ、地方の末寺によって支えられている各宗派は財政難から大幅な組織改革を余儀なくされている。

そのような状況において、上知令・廃仏毀釈の荒波を乗り越え、新たな明治の時代に適合する教団組織を作り上げた宗政家の事跡を振り返ることは、仏教界にとって裨益する点が大きいと考える。本書の叙述が、現代を生きる僧侶や寺院に関わる人々にとって、展望と活力を得る媒介となることを願っている。

あとがき

本書は、『近代化する金閣　日本仏教教団史講義』に続く、筆者にとって二冊目の禅宗史に関わる一般書である。本書の執筆に至った経緯を振り返ることで「あとがき」としたい。

筆者は、平成二十二年（二〇一〇）十一月に『相国寺史』編纂事業の専門職員（研究員）として臨済宗相国寺派の大本山相国寺に採用された。筆者の専門分野は日本近世史（江戸時代史）であったが、着任早々に直属の上司であった教学部長（現宗務総長）佐分宗順師から「明治期以降の寺史について力を入れて調査研究を行って欲しい」との要請があり、それまで不勉強であった近現代の仏教史に取り組むことになった。

佐分師は、昭和五十七年（一九八二）から同六十三年まで争われた古都税反対運動において、若手僧侶の一人として中心的に活動した経歴を持っていた。古都税とは、正式名称を古都保存協力税と称し、寺院の拝観料に税額を上乗せして拝観客から徴収する地方税である。古都税の徴収義務を寺院が負うことは信教の自由を定めた日本国憲法第二十条の規定に違反するという理由で、京都の拝観寺院は京都仏教会に結集し、拝観停止を含めた激しい闘争を京都市に対して展開した。

反対運動により古都税は廃止に追い込まれたが、そのことは京都仏教会の会員寺院にとって、寺院拝観の持つ宗教的な意味、さらには宗派の自治を維持していくことの重要性を認識する契機となった。京都仏教会は、「国家と宗教研究会」を発足させ、ブレーンである大学教員とともに近現代における政教関係などの諸問題を議論し続けたのである。

佐分師の要請は、そのような経緯に基づくものであり、相国寺における宗派自治の展開を明らかにすることが筆者にとって最大の研究課題となった。相国寺の所蔵史料に基づいて近現代史の分析を進める過程で、京都仏教会において結成三十周年の節目に古都税反対運動の関係者による証言集をまとめる企画が立ち上がった。筆者は、インタビューと編集実務を担当することになり、事務局長である長澤香静師とともに関係者十二名から証言を集めることになった。

証言者の中には、反対運動の相手であった京都市元助役の奥野康夫氏や、運動方針の相違から京都仏教会と袂を分かった元事務局長の鵜飼泉道師も含まれており、インタビューの後には足腰が立たなくなるほど筆者は緊張した。しかし、証言者は押し並べて協力的であり、成果として『古都税の証言　京都の寺院拝観をめぐる問題』（丸善プラネット、二〇一七年）を刊行することができた。

このような研究活動とともに、相国寺における日常業務も宗派自治の問題を考えるにあたり裨益する点が多かった。特に印象に残っているのは相国会本部研修会である。相国会とは、本文中で言及した妙心寺派花園教会と同趣旨の檀信徒団体であり、相国寺派宗報『円明』百号発行を記念して、平成二十六年（二〇一四）十月に通常二日間である日程を拡大した三日間の特別研修会が開催された。筆者は職員ながらこの研修会に参加することになり、各教区の檀信徒とともに坐禅・写経などの日程をこなした。研修会のクライマックスは二日目の夜に行われた本山内局員と檀信徒との討論会であり、忌憚のない意見交換が行われた。参加した檀信徒はほとんどが末寺の檀家総代であり、宗派の実情を踏まえた厳しい発言が続出した。討論会の末席に加わってそのような議論に触れたことは、筆者にとって研究の大きな指標になったのである。

史料分析が進捗したことにより様々な事実関係が明らかになったが、そこで大きな課題に直面した。近現代の相国寺派は臨済宗各派と連繋して様々な事業に取り組むことが多く、相国寺の歴史を解明するうえで臨済宗全体の動向を押さえることが必須であることを認識したのである。筆者は花園大学情報センター（図書館）に所蔵される臨済宗全体の機関誌的な雑誌『禅宗』と、妙心寺派の宗報『正法輪』の調査を開始したが、『正法輪』に描かれていた前田誠節の事跡が魅力的であることに気づき、明治期の妙心寺派を本格的に検討し始めた。そして、令和二年（二〇二〇）十月から十一月にかけてＷＥＢ上で開催された相国寺教化活動委員会研修会で「明治期の臨済宗――宗政家と教団運営――」と題する講演を行い、その成果物としてまとめた講義録について、法藏館編集部今西智久氏より出版を勧めていただき、本書の刊行に至ったのである。

本書の史料調査にあたっては、臨済宗妙心寺派宗務総長・花園大学国際禅学研究所所長野口善敬先生を始め、妙心寺派宗務本所・花園大学の関係者各位に様々なご助力を賜った。末筆ながら記して謝意を表したい。

今後は、臨済宗と相国寺派の近現代史について、更なる考察を進めていきたい。

藤田和敏

二〇二一年八月一日

参考文献

本書で利用した参考文献は以下の通りである。

前田の事跡については、竹貫元勝「〈近代高僧素描〉前田誠節」（『日本仏教史学』二三、一九八九年）が唯一の先行研究である。竹貫は、前田の出生を弘化二年（一八四五）とするが、典拠を示していない。『隔生即忘』には、「受業の寺門廃毀せられて師も亦歿し、孤身煢々たるハ廿一歳の時なり」、「受業地なる山田常勝寺ハ明治二年廃せられたるか」とあり、出家得度した伊勢国常勝寺が廃寺になった明治二年（一八六九）のときに二十一歳であったことが分かる。この記述に従えば前田の出生は嘉永二年（一八四九）である。

近代仏教教団の全体像については、羽賀祥二『明治維新と宗教』（筑摩書房、一九九四年）、中西直樹『新仏教とは何であったか　近代仏教改革のゆくえ』（法藏館、二〇一八年）を参照した。羽賀の著書では、明治十年代から同二十年代にかけての宗教政策と仏教教団との関係性が緻密に検討されている。「妙心寺派憲章」の分析は、羽賀が提唱した寺院「共有物」論、すなわち個々の寺院が本山・法類・檀信徒の「共有物」であり、本山が一方的に統制できるものではないとする考え方に依拠した。中西の著書は、数多くの新聞・雑誌を渉猟して仏教各宗協会など仏教各宗派による結社の成立と展開を論じており、宗派外における前田の活動を分析する上で教えられる点が多かった。

神道国教化政策などの明治前期における国家の宗教政策については、安丸良夫『神々の明治維新――神仏分離と廃仏毀釈』（岩波書店、一九七九年）、安丸良夫・宮地正人『日本近代思想大系　五　宗教と国家』（岩波書店、一九八八年）、小笠原正道『大教院の研究　明治初期宗教行政の展開と挫折』（慶應義塾大学出版会、二〇〇四年）、谷川穣『明治前期の教育・教化・仏教』（思文閣出版、二〇〇八年）、同「明治維新と仏教」（末木文美士編『新アジア仏教史　一四　近代国家と仏教』佼成出版社、二〇一一年）を参照した。神仏分離令に伴う廃仏毀釈の実態は安丸の著書、神仏合同大教院の歴史的展開は小笠原の著書に詳しい。教導職の活動内容は谷川の著書で分析されており、教導職制度の枠組みを引き継いだ妙心寺派の教育布教活動の考察に有益であった。

仏骨奉迎と覚王殿の建設については、川口高風「『教学報知』・『中外日報』における仏骨奉迎の記事について」（『愛知学院大学教養部紀要』六五―二、二〇一八年）、佐野方郁「明治期の仏骨奉迎・奉安事業と覚王山日暹寺の創建――各宗派機関誌と地方・宗教新聞の分析を中心に――」（『日本語・日本文化』四五、二〇一八年）を参照した。川口の論文は、仏教新聞における関連記事を網羅的に抜き出したものであり、検索のために利用した。佐野の論文は、新聞・雑誌を博捜して、仏骨奉迎と覚王殿建設の事実関係を詳細に跡づけたものであり、第三章第一節・第三節の叙述は佐野の成果に基づいている。

清沢満之については、吉田久一『清沢満之』（吉川弘文館、一九六一年）、寺川俊昭『清沢満之論』（文栄堂書店、一九七三年）、脇本平也『評伝清沢満之』（法藏館、一九八二年）、森岡清美『真宗大谷派の革新運動――白川党・井上豊忠のライフヒストリー――』（吉川弘文館、二〇一六年）、碧海寿広『入門　近代仏教思想』（筑摩書房、二〇一六年）、大谷栄一・吉永進一・近藤俊太郎編『近代仏教スタディーズ　仏教からみたもうひとつの近代』（法藏館、二〇一六年）を参照した。清沢研究を始めとする近代仏教思想研究は、池田英俊『明治の新仏教運動』（吉川弘文館、一九七六年）で打ち出された枠組みに影響を受けている点が多い。池田の分析は、清沢満之の思想を頂点とし、清沢と関わりの深い人物、もしくは清沢と類似の活動を行った人物から順番に高い評価を与えていくピラミッド型の図式を描いている。

以上の文献以外に、下記の書籍・論文などを参照した。

小室重弘編『釈尊御遺形伝来史』（細川芳之助、一九〇三年）

参謀本部編纂『明治廿七八年日清戦史』第一巻〜第八巻（東京印刷、一九〇四年〜一九〇七年）
宇治山田市役所編『宇治山田市史』下（宇治山田市役所、一九二九年）
天岫接三編『妙心寺六百年史』（妙心寺開創六百年紀念・雪江禅師四百五十年遠諱大法会局、一九三五年）
多屋頼俊「石川舜台と東本願寺」（法藏館編集部編『講座近代仏教』Ⅱ、法藏館、一九六一年）
二葉憲香「真宗教団近代化の動向――布教権の回復と末寺平等化指向――」（『龍谷大学論集』三八八、一九六九年）
梅田義彦『改訂増補日本宗教制度史〈近代篇〉』（東宣出版、一九七一年）
中島三千男「大教宣布運動と祭神論争――国家神道体制の確立と近代天皇制国家の支配イデオロギー――」（『日本史研究』一二六、一九七二年）
井上恵行『改訂宗教法人法の基礎的研究』（第一書房、一九七二年）
川上孤山・荻須純道補述『増補妙心寺史』（思文閣、一九七五年）
妙心寺派宗務本所総務部編『昭和改訂正法山妙心禅寺宗派図』七（妙心寺派宗務本所、一九七七年）
荻須純道編著『妙心寺』（東洋文化社、一九七七年）
柏原祐泉『近代大谷派の教団――明治以降宗政史――』（真宗大谷派宗務所出版部、一九八六年）
平野武『西本願寺寺法と「立憲主義」――近代日本の国家形成と宗教組織――』（法律文化社、一九八八年）
竹貫元勝『日本禅宗史』（大蔵出版、一九八九年）
柏原祐泉『日本仏教史　近代』（吉川弘文館、一九九〇年）
三重県編『三重県史』資料編近代四（三重県、一九九一年）
由良町誌編集委員会編『由良町誌』下（和歌山県由良町、一九九一年）
相国寺史料編纂委員会編『相国寺史料』七（思文閣出版、一九九一年）
池田英俊『明治仏教教会・結社史の研究』（刀水書房、一九九四年）

吉田久一『近現代仏教の歴史』（筑摩書房、一九九八年）
寺院本末帳研究会編『江戸幕府寺院本末帳集成』中（雄山閣出版、一九九九年）
伊吹敦『禅の歴史』（法藏館、二〇〇一年）
能仁晃道訓注『訓読近世禅林僧宝伝』下（禅文化研究所、二〇〇二年）
川口高風『明治前期曹洞宗の研究』（法藏館、二〇〇二年）
原田敬一『戦争の日本史19　日清戦争』（吉川弘文館、二〇〇八年）
知名定寛『琉球仏教史の研究』（榕樹書林、二〇〇八年）
佐藤照雄「明治後期の対タイ文化事業――稲垣満次郎と仏骨奉迎事業を中心として――」（『アジア太平洋研究科論集』一九、二〇一〇年）
中西直樹『植民地朝鮮と日本仏教』（三人社、二〇一三年）
大谷正『日清戦争　近代日本初の対外戦争の実像』（中央公論新社、二〇一四年）
塚本明『近世伊勢神宮領の触穢観念と被差別民』（清文堂出版、二〇一四年）
藤田和敏『近代化する金閣　日本仏教教団史講義』（法藏館、二〇一八年）
中西直樹『明治前期の大谷派教団』（法藏館、二〇一八年）
齋藤智寛・衣川賢次『新国訳大蔵経中国撰述部①―7　禅宗部　六祖壇経・臨済録』（大蔵出版、二〇一九年）
岩永紘和「戦国期東海・甲信地方における臨済宗妙心寺派の地方展開」（『信濃』七二―八、二〇二〇年）
藤田和敏『明治期の臨済宗――宗政家と教団運営――』（相国寺教化活動委員会、二〇二一年）
藤田和敏「史料紹介　前田誠節回顧録「隔生即忘」」（『花園大学国際禅学研究所論叢』一七、二〇二二年三月掲載予定）
岐阜県防災課「濃尾地震（明治24年）」（https://www.pref.gifu.lg.jp/page/5980.html、閲覧日二〇二一年六月一日）

写真の出典

写真1　奉迎使一行（小室重弘編『釈尊御遺形伝来史』細川芳之助、一九〇三年）
写真2　五条大橋を奉迎使の行列が渡る（気賀秋畝『仏骨奉迎暹羅土産』仏骨奉迎写真発行所、一九〇一年）
写真3　『正法輪』九一号（一八九九年）
写真4　金剛正眼禅師行実（岐阜県大勝寺蔵、写真提供：花園大学歴史博物館）
写真5　妙心寺中心伽藍（写真提供：妙心寺）
写真6　島地黙雷（島地黙雷上人古稀祝賀会編『雨田古稀寿言集』、一九一〇年）
写真7　関無学頂相（部分）（福岡県梅林寺蔵、写真提供：九州歴史資料館）
写真8　興国寺（写真提供：公益社団法人和歌山県観光連盟）
写真9　妙心寺法堂（写真提供：妙心寺）
写真10　日吉全識（『正法輪』三五二号、一九一六年）
写真11　西郷従道（『近世名士写真』其二、近世名士写真頒布会、一九三五年）
写真12　山県有朋（『近世名士写真』其一、近世名士写真頒布会、一九三五年）
写真13　仏骨の壺と刻文（小室重弘編『釈尊御遺形伝来史』細川芳之助、一九〇三年）
写真14　シャム国王チュラーロンコーン（小室重弘編『釈尊御遺形伝来史』細川芳之助、一九〇三年）
写真15　関実叢（写真提供：愛知県徳源寺）
写真16　日泰寺舎利塔（写真提供：愛知県日泰寺）

年次	西暦	齢	事跡
嘉永二	一八四九	1	前田が出生する（『隔』）。
安政三	一八五六	8	前田が両親と死別し、伊勢国常勝寺で出家得度する（『隔』）。
文久三頃	一八六三	15	前田が美濃国梅谷寺に移り、端道全履に師事する（『隔』）。
明治二	一八六九	21	伊勢国常勝寺が廃寺となる（『隔』）。
同五	一八七二	24	10・3「禅宗」が成立し、教導職管長が設置される（『制』）。
同七	一八七四	26	2・22「禅宗」から臨済宗が独立する（『制』）。
同八	一八七五	27	5神仏合同大教院が廃止され、臨済宗各本山が連合して臨済宗大教院が設立される（『明』一三九・一四〇）。
同九	一八七六	28	1前田が臨済宗総黌の助教に特選される（『明』一二五）。 9・11臨済宗から妙心寺派が独立する（『制』）。 9・13「大教院事務章程条款」の改正が教部省に認可され、臨済宗大教院が九派連合管理となる（『明』三五九）。
同一〇	一八七七	29	5・1東京大教院と京都府円福寺に臨済宗本黌が設立される（『明』四六二）。
同一二	一八七九	31	9・1臨済宗大教院が廃止され、九本山それぞれに大教院が成立する（『明』八六七・八八〇）。 10・3臨済宗西部大会議が建仁寺大方丈で開かれる（『明』八六三・九〇〇・九〇一）。
同一三	一八八〇	32	7東京海禅寺に妙心寺別院が置かれる（『明』一〇二四・一〇二五・一三〇六・一三〇七）。
同一四	一八八一	33	9関無学が東京からの帰途に布教を行う（『明』一〇六三）。 4・27前田が管長代理として島根県・岡山県への布教に赴く（『明』一一六九・一一七六・一一七八・一一八三・一一八九・一一九四・一一九六）。

明治一六	一八八三	35	2・22妙心寺で説教師の講習会が行われ、講習済の僧侶が巡教使として全国に派遣される。前田は四国と広島県を担当する（『明』一四七三・一四八三）。 5・15妙心寺派大衆寮が開校される（『明』一五〇八・一五三六・一六八七）。
同　一七	一八八四	36	6前田が布教に赴いた愛媛県の今治で行方不明になる（『明』一六九一）。 12・1妙心寺全国末派総代議員が召集され、大会議が開かれる（『明』一七四〇・一七七〇）。
同　一八	一八八五	37	1・11妙心寺派大衆寮が妙心寺派大教校に改称される（『明』一八〇一）。 7・10「妙心寺派憲章」が制定される。
同　一九	一八八六	38	5・18「妙心寺派住職試験章程」・「妙心寺派教憲三章」・「妙心寺派問題十説」が制定される（『明』二〇三三・二〇三四）。 8・5住職試験の参考書である前田の著書『問題略解』が刊行される。 12「妙心寺派学制」が制定される（『明』二二四一～二二四四）。
同　二一	一八八八	40	3・16前田が和歌山県興国寺の住職に就任する（『明』二三四八・『正』四）。
同　二二	一八八九	41	10・25妙心寺派第二議会が召集される（『明』二六二三・二六二八）。
同　二四	一八九一	43	7・2前田が管長代理として沖縄に出発する（『正』《三・四》）。 7・15『正法輪』が創刊される（『正』《一》）。 10・28濃尾地震が発生し、妙心寺派寺院も大きな被害を受ける（『正』《五》・一・二）。
同　二五	一八九二	44	2前田が渥美契縁とともに木曽御料林の材木を罹災寺院再建のために払い下げられるよう、宮内省に請願する（『正』七）。
同　二七	一八九四	46	4・25妙心寺派第三議会が召集される（『正』三〇・三一）。 6・1／7・5「妙心寺派憲章」附帯規則が公布される。教育制度が変更されて普通学林が設置される（『正』三一～三五）。 6・9前田が東京に赴き、改正された「妙心寺派憲章」を内務省に提出するが、認可

			は下りず（『正』三三・三四）。 9・19妙心寺派臨時議会が召集され、「妙心寺派憲章」の修正が議決される（『正』三五）。 12・16日清戦争従軍僧・慰問使として、原円応・坂上宗詮・丸山元魯・日吉全識が派遣される（『正』三七〜四五）。
明治二八	一八九五	47	4・11花園法皇五百五十年遠諱の正当日を迎える（『正』四〇・四一）。 11・2管長芦匡道が遷化する（『正』四八）。 12・27「妙心寺派綱目」が認可される（『正』五〇）。
同　二九	一八九六	48	2・10関無学が管長選挙に当選する（『正』五二）。 3・21教務本所職員選挙が開票され、前田が議事に選出される（『正』五三）。 4・1明治二十八年内務省訓令第九号を受け「教師検定例」が実施される（『正』五三）。 7・5前田が普通学林の総監に任じられる（『正』五六）。 7・18前田が美濃普通学林の試業進級証書授与式で学生を叱責する演説を行う（『正』五七）。 10・26妙心寺派第四議会が召集される（『正』六〇）。 11・7前田が仏教各宗協会臨時大会に出席し、議長として四箇格言事件に対応する（『正』六〇）。
同　三〇	一八九七	49	4・2前田が興学会会長に就任する（『正』六五）。 5・12美濃普通学林の学生が集団休校し、前田に対して美濃普通学林と山城普通学林の合併を求める嘆願書を提出する（『正』六七）。 6・5各宗派会議が開かれ、寺院制度調査の実施が決定される（『正』六七・六八・『明』三九四八・三九五一）。 8・16各宗派会議による「寺制案」が内務省に提出される（『正』六九〜七一・『明』三九八四）。

明治三一	一八九八	50	12・24前田が山城普通学林の閉校式で学生を訓諭する（『正』七四）。 12前田が妙心寺龍泉庵の兼務住職に推挙される（『正』七三）。 3・15前田が視篆開堂式を挙行し、妙心寺五百六十九世住職となる（『正』七六）。 3・23前田が普通学林学生の非行を戒める告諭書を出す（『正』七七）。 3・31教務本所職員選挙が行われ、前田が議事に再選される（『正』七七）。 7・1仏教各宗協会定期大会が開かれ、前田が議長に選出される。仏教各宗協会を発展的に解散し、各宗集議所を設立することが議決される（『正』八〇）。 8・5前田が北海道視察に出発する（『正』八二〜八四）。 9・26「妙心寺派普通学林通則」・「妙心寺派普通学林予備門概則」が定められ、普通学林は山城一校となり、美濃普通学林が普通学林予備門となる（『正』八三・八四）。 11・27妙心寺派第五議会が不成立となる（『正』八五）。 11・28教務本所職員が引責辞任する（『正』八五）。 12・31管長関無学が遷化する（『正』八六）。
同　三二	一八九九	51	5・6小林宗補が管長選挙に当選する（『正』九〇）。 6・5臨時各宗管長会議が開かれ、前田が副議長となる。仏教法案の起草が決定され、前田が七宗派委員に選出される（『正』九一・『明』四三〇二・四三〇五・四三〇六・四三〇八）。 6・22前田が妙心寺龍泉庵の正住職となる（『正』九一）。 7・31内務大臣西郷従道が七宗派管長を召集し、政府の施策に反対しないよう訓示する（『正』九三・『明』四三三八）。 8・7七宗派委員が社寺局長斯波淳六郎に仏教法案の説明を行う（『正』九五・『明』四三三三・四三四六）。 8・25教務本所職員選挙が行われ、前田が議事に再選される（『正』九三）。

年	西暦	年齢	事項
			12・9宗教法案が貴族院に提出される（『正』九七・『明』四三九三）。 12・12仏教三十六宗派の委員が東京に召集され、宗教法案への絶対反対が決議される（『明』四三九四・四三九六）。
明治三三	一九〇〇	52	1・21東京で全国仏教徒大会が開かれ、宗教法案への絶対反対が決議される（『明』四四二一）。 1・駐シャム公使稲垣満次郎がシャム国王に仏骨の分与を懇請する（『釈』）。 2・5各宗派会議が開かれ、宗教法案への対応が協議される（『正』九九）。 2・17宗教法案が貴族院で否決される（『正』一〇〇・『明』四四二四・四四二五）。 4・18各宗派会議が開かれ、仏骨奉迎の方法が議論される（『正』一〇二）。 6・5各宗派管長会議で「日本大菩提会々則」が決議される（『正』一〇三）。 6・15シャム国王から前田ら奉迎使に仏骨が分与される（『正』一〇五）。 10・5『教学報知』に「前田誠節を排斥せよ」が掲載される（『教』四四八）。 12・2妙心寺派第六議会が召集される（『正』一一四・一一五）。
同　三四	一九〇一	53	2・19各宗派管長会議で日本大菩提会の会則改正と組織変更が議決される（『正』一二〇・『教』五一〇～五一四）。 4・18日本大菩提会の発会式が改めて行われ、前田は副会長となる（『正』一二四・一二五）。 5日本大菩提会の債務が六万円に増加し、鴨東銀行から督促を受ける（『教』五五七）。 10・11前田を紙面で中傷した京都日日新聞社が記事取消広告を出す（『正』一三四・一三五）。 12・6鴨東銀行が日本大菩提会に対して差し押さえを行う（『教』七二二・七二五）。
同　三五	一九〇二	54	1・20日本大菩提会名誉会監会が開かれ、仏骨奉安地の選定委員が選出される（『正』一四一・一四二・『中』七四六・七五二）。 8・27日本大菩提会名誉会監会が開かれるが、流会を重ねる（『正』一五六・『中』九一三・九

			一四・九一六）。 9・1臨時管長会議が開かれ、奉安地を決定するための比較調査委員が選出される（『正』一五六・『中』九一七〜九一九）。 10・2各宗派管長及び各宗派重役合同会議が開かれ、日本大菩提会と覚王殿の関係性を明確化するために交渉委員会が組織される（『正』一五八・『中』九四〇〜九四二）。 10・12各宗派管長及び各宗派重役合同会議で奉安地決定投票が行われ、名古屋を奉安地とすることが決定される（『正』一五九・『中』九四九・九五〇）。 11・5前田が日本大菩提会副会長を辞任する（『正』一六〇・『中』九六五）。 12・3妙心寺派第七議会が不成立になる（『正』一六三）。
明治三六	一九〇三	55	3・5関実叢が管長選挙に当選する（『正』一六八）。 3・25妙心寺派第七議会が再召集される（『正』一七〇・一七一）。 5前田が流行性感冒で八月まで龍泉庵に引きこもる（『正』一七四・一七五・一七八）。 10・12覚王山日暹寺の建設に内務省が認可を与える（『正』一八四・『中』一二三五）。 12・2名古屋で各宗派管長会議が開かれ、前田が日本大菩提会副会長に就任する（『正』一八六・一八七・『中』一二五七・一二六〇・一二三〇）。
同　三七	一九〇四	56	8・24前田が進退伺いを提出する（『正』二〇四）。 10・5妙心寺派臨時議会が召集される（『正』二〇六〜二一一）。 10・21管長関実叢が遷化する（『正』二〇七）。 11・10前田と釈等顧が擯斥される（『正』二〇八）。 11・22京都地方裁判所の予審が終結し、前田らを重罪公判に付することが決定される（『正』二〇九）。
同　三八	一九〇五	57	1・14京都地方裁判所で妙心寺事件第一回公判が行われる（『正』二一一）。

			2・20東海猷禅が管長選挙に当選する（『正』二一二）。 3・28妙心寺事件の京都地裁判決が出され、前田に重禁固三年・監視六ヵ月の刑が宣告される（『正』二一三）。 5・22妙心寺派第八議会が召集される（『正』二一五・二一六）。 8・6京都銀行・四十九銀行と妙心寺派が十万円の債務問題で和解する（『正』二一七～二二〇）。 12・15妙心寺事件の控訴審判決が出され、前田に重禁固一年六ヵ月・監視六ヵ月の刑が宣告される（『正』二二二）。
明治四〇	一九〇七	59	6・14大橋銀行と妙心寺派が五万円の債務問題で和解する（『正』二四〇）。
同　四一	一九〇八	60	2・20第十議会が召集され、花園学林の花園学院への改称と中等部・高等部の設置が文部省から認可されたことが報告される（『正』二四九～二五一）。
同　四三	一九一〇	62	5・13妙心寺派教学財団の設置を内務省が認可する（『正』二七五）。 12・5第十一議会が召集され、花園学院高等部を臨済宗大学と改称することが議決される（『正』二八二）。
同　四四	一九一一	63	10・5「私立臨済宗大学々則」・「私立花園学院学則」が発布される（『正』二九一）。
大正　九	一九二〇	72	10・26前田が死去する（『正』四六七）。

註

①「齢」欄の年齢は、前田の数え年である。

②「事跡」欄の（　）内は事跡の典拠を記した。『隔』は『隔生即忘』、『制』は梅田義彦『改訂増補日本宗教制度史〈近代篇〉』、『明』は『明教新誌』、『正』は『正法輪』、『釈』は小室重弘編『釈尊御遺形伝来史』、『教』は『教学報知』、『中』は『中外日報』を示している。『　』の後の数字は、該当する新聞・雑誌の号数である。

③『隔生即忘』は、花園大学図書館架蔵の複写版を利用した。
④明治十八年「妙心寺派憲章」は、拙著『明治期の臨済宗――宗政家と教団運営――』（相国寺教化活動委員会、二〇二一年）に参考史料として全文を掲載した。
⑤『問題略解』は、「国立国会図書館デジタルコレクション」（https://dl.ndl.go.jp/）で公開されている。
⑥『正法輪』は、明治二十四年七月に創刊され、五号まで刊行された後に編集の事務局を東京から京都に移したため、同年十二月に改めて一号を発行している。表では、東京発行の『正法輪』の号数を《 》内に入れた。
⑦明治二十八年「妙心寺派綱目」は、管見の限りでは閲覧可能な原本を発見できていないが、同三十八年に改正された「妙心寺派綱目」は駒澤大学図書館に架蔵されている。

本文中に引用した『正法輪』の論説・寄稿文一覧

前田誠節「正法輪発行の趣意」（《一》号、明治二十四年七月）／「再たび教務本所の責任組織を論ず」（三〇号、明治二十七年五月）／東陲の小沙弥「美濃国本派公選議員の二氏に寄す」（三一号、明治二十七年六月）／「管長責任論を駁す」（三五号、明治二十七年十月）／「大法会を利用して本派将来の布教針路を定めよ」（四〇号、明治二十八年三月）／前田誠節「僧侶従軍の主意」（四四号、明治二十八年七月）／「読妙心寺派綱目」一～五（五二号～五五号・五八号、明治二十九年三月～六月・九月）／「本派諸大徳に呈する書」（六五号、明治三十年四月）／「役員たる者の反省を促す」（七九号、明治三十一年六月）／「追悼樹王大禅師」（八六号、明治三十二年一月）／天沢文雅「信陽ＢＯ生の妄を弁す」（九〇号、明治三十二年五月）／信陽Ｂ、Ｏ、生「鳥は黒く鷺は白し」（九一号、明治三十二年六月）／「教務本所職員選挙の結果に就て」（九四号、明治三十二年九月）／上村観光「前田奉迎使渡航日誌」（一〇三号・一〇五号・一〇七号、明治三十三年六月～八月）／上村観光「余が草せし奉迎日記に就て」（一一三号、明治三十三年十一月）／「教学基金募集と布教普及」（一一九号、明治三十四年二月）／角張月峰「妙心寺派大勢論（十一）」（一四七号、明治三十五年四月）／耕雲児「本派寺院の子弟教育」（一六二号、明治三十五年十二月）／何休庵主人（村田無道）「最近の前田誠節師」（三九四号、大正六年十月）

藤田和敏（ふじた　かずとし）

1972年、愛知県に生まれる。1996年、立命館大学文学部史学科卒業、2005年、京都府立大学大学院文学研究科博士後期課程単位取得満期退学、博士（歴史学）。現在、相国寺寺史編纂室研究員、花園大学国際禅学研究所客員研究員。

著書に、『〈甲賀忍者〉の実像』（吉川弘文館、2011年）、『近世郷村の研究』（吉川弘文館、2013年）、『古都税の証言　京都の寺院拝観をめぐる問題』（分担執筆、京都仏教会編、丸善プラネット、2017年）、『近代化する金閣　日本仏教教団史講義』（法藏館、2018年）、『近世の天台宗と延暦寺』（法藏館、2020年）などがある。

悲劇の宗政家　前《まえ》田《だ》誠《じょう》節《せつ》
臨済宗妙心寺派の近代史

二〇二一年一〇月二五日　初版第一刷発行

著　者　藤田和敏
発行者　西村明高
発行所　株式会社　法藏館
京都市下京区正面通烏丸東入
郵便番号　六〇〇－八一五三
電話　〇七五－三四三－〇〇三〇（編集）
〇七五－三四三－五六五六（営業）

装　幀　野田和浩
印刷・製本　亜細亜印刷株式会社

ISBN 978-4-8318-7749-9 C0023